互联网与民主

〔英〕史蒂芬·科尔曼 —— 著　　刘显蜀 —— 译

Can The Internet Strengthen Democracy?

Can the internet strengthen democracy? (1st, Edition)
By Stephen Coleman
Original work copyright © Stephen Coleman，2017
This translation is published by arrangement with Polity Press Ltd.

政治出版社有限公司将本书中文简体翻译版权授权商务印书馆有限公司独家出版，并可在全球销售。未经出版者书面许可，不得以任何方式复制或发行本书的任何部分。

前　言

我在英国脱欧风波发生的几个月前开始写作，在特朗普赢得美国总统大选不久后完成本书。在这充满"动荡"的几个月间，我注意到了信息如何"一如既往"地被扭曲、公众的呼声如何被削弱，以及选民如何被当作幼稚的婴幼儿般地看待。我强烈地感受到民主不应该仅仅是现在这个样子；此外，还有一个问题堪忧，那就是目前没有足够的空间让公众就想法和经历进行有意义的交流。

随着民粹主义的兴起（民粹主义兴起的原因是我们的政治体系迟迟没有创新，这为民粹主义的滋生提供了机会），一些对互联网持批评意见的人认为互联网放大了那些无知又固执己见的网民的声音，也让愤世嫉俗的假消息到处传播。另一些对互联网持支持意见的人则认为，互联网让非精英人士有了发声的机会，削弱了过去由大众传媒塑造的"媒介现实"。我写本书的目的是希望大家将关注点从互联网对民主做了什么转移到就我们想要为自己创造什么样的民主展开讨论。

我们可以确信三件事情。第一，互联网并没有塑造民主，它像之前从纸媒到电视的其他媒介一样，是社会发展到一定阶段的产物。第二，互联网不会消失。即便我们认可数字技术让人们沉溺于网络、思想散漫、轻率轻信这一危言耸听的说法，其解决之道也不太可能是剥夺大众对网络的使用。第三，互联网是错综复杂的，充满很多变数，民主也是如此。而接下来的重要议题是：重塑民主政治比向成为时代特色的互联网进行妥协更为重要。

*

感谢政治出版社的路易斯·奈特和她的同事，他们鼓励我思考互联网对政治和道德领域的影响。过去二十年间，我花了很多时间研究互联网对政治权力的分配和运用的影响。在此期间，我从朋友和同事身上获得了灵感，其中包括我在牛津互联网学院的前同事，以及我目前在利兹大学媒体与传播学院有幸结识的诸多同事和学生。

本书借鉴了杰伊·布鲁勒、约翰·科纳以及贾尔斯·莫斯的研究成果，而其中的任何不足之处都归咎为我自身。感谢维多利亚·杰尼斯，她是一名出色的研究助手。感谢贾斯汀·戴尔，他为本书做了辛勤的审校工作。感谢西蒙·奥斯勒，他是在线政治资源领域的一位优秀向导。还要感谢伯纳黛特·科尔曼，她为我形成自己的想法提供了重要帮助。

我们之中的一些人坚信民主并非是对被蛊惑大众的专制，本书的写作所处的时间段也令他们感到担忧。本书献给具有这种担忧意识，并且有意捍卫更美好事物的人士。

目　录

第一章　错过的大好时机 …………………………… 1
第二章　民主政治的希望与恐惧 …………………… 23
第三章　民主的不确定性 …………………………… 46
第四章　民粹主义还是民主？ ……………………… 67

延伸阅读 ……………………………………………… 94
注　释 ………………………………………………… 106

第一章　错过的大好时机

在全世界范围内，无论是老牌还是新兴的民主国家的政府都错过了彻底改造自身、重振其地位以及同民众保持沟通与联系的大好时机。在二十世纪九十年代中期，随着西方民众对政府的不满和漠视情绪不断蔓延并波及各国政府，一种新的大众传播媒介——互联网产生了。自此以后，一系列社会事物——从友谊纽带、市场交易到知识的学习——都发生了改变。然而民主治理是一个例外。各个层面的政府（无论是地方、国家还是超越国家层面的）从来不缺乏网络工具，但在实际中，集权主义思潮成为主流。

互联网的无处不在令西方民主政府感到困惑和尴尬。二者的逻辑在根本上是"格格不入"的。与此同时，前互联网时代与政府沟通的主要方式——政党、广播媒体和报纸——都处于衰落之中，在过去二十年间步入成年的一代看来尤为如此。

当公共机构既不能适应也无法离开互联网，而采取种种办法应对和艰难前行时，人们正在互联网上以具有创造力且有效的方式进行着互相交流。横向（对等）的公民关系看上去充满活力、发展良好，而纵向（从上到下）的公民关系似乎存在着障碍并且缺乏吸引力。

在本书中，互联网被定义为一个由相互连接的计算机网形成的，包括一系列能够让用户在全球范围内使用、分享、存储和检索数据的平台、设备和协议的网络，它已成为当代人对无限制交流的渴望的象征。有些人认为后现代充满了萎靡和堕落，人们在这个时代有无限的机会表达自己的观点，但却不去倾听别人的声音；而有些人认为全球一体化及随之而来的互联网具有不断发展的潜力。这两种评估互联网社会意义的不同观点形成了鲜明的对峙。大部分学术文献的观点主要分为两种：一种认为互联网将彻底改变政治民主，旧的代议制民主将被技术民粹主义的新投票方式所取代；另一种认为网络政治将只会沿袭长期以来确立的结构形式和惯例，压制和排挤创新。这两种观点都有一些事实依据（这些事实依据足以用来写好几本书），然而这两种观点终归过于牵强，甚至带有非此即彼的偏执。

从美国第一位黑人总统的当选到"阿拉伯之春"的影响，上述两种观点的持有者们就互联网在重大事件中的角色进行着争论。然而，这样的争论从某种意义上说是徒劳的，就像一些历史学家探讨1848年横扫欧洲的革命是否由印刷机的应用所导致一样，乏味的问题必然不会引出睿智的答案。历史变革很少取决于单一因素，历史的能动作用并不体现在人工创造物中。声称互联网会改变政治（或其他任何）领域的一切，或者什么都不能改变都是没有价值的，因为这种观点夸大了技术的力量，将历史变革简单地归结为媒体的作用。

较之探究互联网对政治的具体影响，探讨政治民主目前面临的挑战以及人们如何通过利用互联网——或退一步说，互联网的某些特性——解决问题才能引发更有意义的分析。我们来探讨一下当今世界老牌和新兴的民主政权都会面临的两个重要挑战。首先是让民众认为代议制民主有意义的问题。怎样才能改变国会、议会等代议制机构给民众造成的遥不可及、捉摸不透、自私自利和不关心大众的印象，让被代表的民众感受到他们是，或者至少可以成为民主进程中不可缺少的组成部分？否则，民主治理的正当性很可能将继续萎缩，民众对所选举出的领导人的认可度将受到损害。第二个问题是协调的问题。这是任何想要参与集体政治行动的人面临的最根本挑战。简单地说，拥有丰富资源（金钱、地位、网络）的人通过相互合作，比资源少的人更容易实现某个政治目标。一个拥有亿万财富的对冲基金投资人能够轻而易举地找到或遇到与其利益一致的人。他们可以随时乘飞机、订酒店去举办国际会议，雇佣说客给政府施加压力，以及为自己的目标做宣传。而对于一个办公室临时清洁工而言，要想联络和组织其他与其地位相当的人则困难得多。要想联络其他办公区的清洁工就不容易（更不要说其他国家的清洁工了），寻找见面地点、获得维持自身和宣传活动所需的资金，或者在面对他人的歧视时保持自信，都是不容易的。通常来说，拥有更多财富、更高地位和更强大自信心的人为集体活动筹集资源的能力已经造成了政治竞技场的不平等。尽管很多弱势群体的确也在参与集体活动，而且往往取得巨大成功，然而协调方面的实际障碍使得他们在筹集资源方面比条件更加优越的人面临更大的困难。

面对这些障碍，一些学者和实践者转向了互联网。在他们看来，互联网不是能够解决民主所有缺陷的技术万灵药，而是政治实践重新组合的一个助力。他们不会宣称互联网"让事情发生"，而是寻求其在民主机构的服务中能够发挥作用的方式。为了说明互联网和重振的民主之间的积极联系，让我们来详细回顾一下近期两个最为周全的举措，其中第一个与增加公众对代议机构的了解、监督和参与有关，第二个与采用互联网技术克服目前在政治协调和集体行动方面难以消除的障碍有关。

把议会放在网上?

有谁能够比英国议会下议院议长更适合发起一个能够增强议会民主的透明度、可及性和互动程度的变革呢?英国议会下议院历史悠久,经历了历次传播革命的洗礼,包括印刷机和广播的推广使用。英国议会传统气息浓厚,在某种程度上排斥现代"浮夸"的话语表达方式,它在适应互联网时代的民众的期待这方面的进程颇缓。英国议会在1996年就建立了自己的网站,而且也进行了一些电子商议方面的试验,但它对代表数百万民众意味着什么这一点的认识似乎和电视发明之前并没有很大的不同。英国下议院议长约翰·伯科创立了一个数字委员会,旨在"就联合王国的议会民主如何利用数字世界提供的机会和条件在立法、审查政府的工作与成效、代表民众、鼓励民众参与到民主中以及让民众间的对话更为顺畅等方面进行思考、汇报和提供建议",政治圈内的人士认为这是一个具有重大意义的创举。它不是一时心血来潮的产物,而是作为一个能够为民主代议制赋予新内涵的举措而被提出的。该委员会花了一年时间进行调研和起草建议,并于2015年1月出版了一份名为《开放![1]》的报告。

令人欣慰的是，该委员会称互联网不是解决代议制民主的万能药："毋庸置疑，互联网并不是全部解决方法。互联网能让人们更容易理解和参与民主的过程，但要使互联网带来真正转变，必须要克服其他障碍。"[2] 另外，让人印象深刻的一点是，该委员会认为"让议会对冒险和创新产生兴趣很有必要，因为这种兴趣是发挥好互联网的作用的一个基本要素"。[3] 此外，该委员会确实提出了一些有价值的建议，其中一些可以说是雄心勃勃，这些建议将在下一届大选之前实施。如果实施得当，该委员会的建议有可能显著提高英国议会自我宣传的能力，令其以更加包容的姿态面对公众的审视，并避免其在以互联网为代表的社交媒体的发展潮流中落后。

然而该委员会的报告没有任何关于民主代议制意味着什么，以及其内涵可能会如何演变的内容。近年来，从医疗到教育再到新闻业，公共机构的角色和实践都在重新构建，在专家和大众、正式表达和通俗表达、意见领袖和普通网民以及传播和把控等等之间的相互关系中，问题都在产生，为什么政治上的代议制就应该免于此呢？

在历史上，政治代表是距离的产物。政治代表通过任命或选举产生，他们前往都城，代表无法亲自前往遥远皇宫或立法机关的人们发言。随着政治的制度化发展以及选举权范围的扩大,除了地域纽带之外,人们逐渐将政治代表视为认知的纽带。人们没有时间或相应的知识来充分理解政策制定以及决策方面的术语,于是便依赖政治代表为他们仔细思考复杂的问题。随着时间的推移,政治代表的角色变得职业化,而政客也因与民众距离疏远而遭诟病。本应如实反映民意的代表,却成了代替民众发声的人。如今,政治代表通常遭受着种种诟病,包括没有倾听其所代表的人们的诉求、只效忠于某一党派而随意无视地方指令、不尊重人民以及社会基础薄弱等等。对于其本应该代表的人民,他们与之既没有相同之处,也不能产生共鸣。此外,代议机构似乎已进入迷途:它要么是一个例行公事地通过行政决定的、敷衍了事的机构,要么是一个权威性不足、无关紧要的场所。

在互联网时代,这种政治代表关系还能继续存在吗?当科技压缩了时空距离,人们生活和工作的社区与核心权力机构之间的物理距离不再成为问题时,认为政治代表还需要依赖每四到五年举行一次的选举来获知其所代表的人民的想法这一观点是否还有意义?当人们可以获得大量政治信息并进行公开质疑时,我们是否还需要专家来代表公民思考和做决定?当社区成员之间讨论相关事宜比与同他们选出的代表进行讨论更加容易时,还能认为政治代表的偏好和价值观比有组织的社区成员的偏好和价值观在法律实施方面更具有内在价值吗?

对于此,有些人的回应是政治代议制的时代已经过去了。[4]然而并没有证据表明公众想要直接的公民投票式民主——而早期大多数关于按钮表决形式的电子民主的论证明显没有考虑到政治分歧的错综复杂。与其说以互联网为代表的数字传播技术取代政治代议制,不如说它指明了缩小日常社会实践与民主治理之间"鸿沟"的新方向。

对上述变化的包容与接纳更多地体现在认识到民主关系的两面性上,而不仅体现在对应用程序和软件的采纳上。当代的政治代议制的一个特征是话语权极度不平衡。在民主制度下,公民本应是社会舞台的主角,但是往往成为沉默寡言的"临时演员"。政治讨论过程中充斥着精英的高谈阔论。政治领域被傲慢的声音所掌控,政治决策往往囿于狭隘的策略层面且都是有利于决策制定者。

后现代文化的另一个显著特征是公众"喋喋不休",同时公众的平等意识增强,不再像以前那样毕恭毕敬。如今鲜有不被人谈及的话题,而且有很多场合可以进行谈论,特别是在网上。往前几代,青少年不会公开谈论与性有关的话题;谦卑的劳工被灌输以尊卑观念,习惯了向主人脱帽致敬;谨小慎微的中产阶级发誓从不在公开场合谈论宗教或政治;在广播和电视上进行辩论，就像在牛津和剑桥的教员休息室里的讨论那样有所节制。与此相比，二十一世纪的人们非常喜欢就各种话题发表自己的意见，甚至其谈话音量本身都显得尤为突出。精英阶层诟病这种政治谈论的刺耳声音和贫瘠内容，但他们没有正中要害：公民的民主意识增强了，发出了自己的声音，而不是随波逐流，只发出顺从的低语。总体而言，政客和政治机构都没能很好地适应这一新情况，他们在很大程度上仍然采用"独白式"的表达，并且没能很好地倾听。与那些承诺与其代表的民众进行"对话"的精明政客相比，他们在运用多方互动方面的技巧和技术上极为迟缓，然而这些技术正是以互联网为代表的社交媒体充满魅力的原因。

以互联网为代表的社交媒体引发的是政治代议制中的对话形式的变革。它超越了空间距离，在更大程度上是建立在交流互动的基础上的。英国下议院议长的数字民主委员会所发布的报告对这一发展进步是欢迎的，报告称：

> "社交媒体的一大优点是人们能够在社交媒体上对会议和事件作出回应。关于议会的实时更新的信息不必是单向的。目前，在现场观看议会辩论的人们是不允许使用手机的。但是人们越来越希望能够通过推特或博客来

对这类事件进行直播。人们若能够随身携带移动设备就可以做到这一点了。[5]"

正如上文所提到的那样，人们可以在社交媒体上对会议和事件作出回应，并且人们也日益认识到了自己这种回应的重要性，但这种回应仅仅是赋予人们一个响应的角色：评论政客参与的会议或发表过看法的事件，或者作为旁观者就议会的工作发推文或者写博客。那么公众在监督与审查，以及政策制定方面的参与体现在哪里呢？在这一点上，报告采取了一种极为谨慎的论调："我们相信公众在线上参与议会工作方面会发挥越来越重要的作用，但我们已对此持谨慎态度并采取了谨慎的应对方式，至少在一开始是这样，以防止我们无法满足公众过高的期望而令公众失望。"[6] 的确是非常谨慎，这通过报告中公众参与政治代议制方面仅涉及电子请愿以及一个流于形式的建议就可见一斑。在电子请愿中，人们只能在建议书上署名，而无法与其他签字人或议员进行更多的互动；所谓的建议是允许公众在威斯敏斯特议会大厦的下议院就议题进行讨论之前在线上讨论："如果人们对议题感兴趣，应有机会在下议院进行讨论之前在线上讨论。议员可以发表意见或者仅仅旁观。"[7] 现在，对议会讨论感兴趣的人们已经能够按照自己的意愿提前进行线上讨论,议员也能按照自己的意愿参加,但很少有人这样做,他们至多愿意远远地观看,或者视其为无关的干扰。

该报告引用了"专家意见",称"技术"在"收集信息方面功能强大",但是"对大规模的商议而言仍不够好"。[8]这究竟是什么意思呢?技术不能充当代理机构的角色:它既不能收集信息,也不能评估公众商议的质量。也许这里我们能提供一个更为坦率的观点,即公众很擅长收集政客言行方面的信息,而不擅长共同商议重要的政治事项。无论委员会本意如何,它关注代表和其代表的人民之间不断的沟通交流是否能以及能如何加强民主代议制,这一点是很值得欣喜的。

委员会未能仔细思考,甚至无暇关注经历了急遽变革的民主关系所面临的发展机遇,而是把精力集中在揭开议会的"面纱",即让公民了解目前议会的相关程序上,仿佛让公众了解当政者的决策程序就足以消除隔阂:"委员会对缺乏了解,即许多公民感觉他们同议员和议会没有关系这一点给我们的民主体系带来的不良影响感到震惊。我们支持目前开展的工作,希望它能增加公众对议会的了解……"[9]"也许年轻人在参与议会和政治方面的最大障碍是对政治和议会的相关程序缺乏了解。这就是我们提倡加强政治教育的原因。"[10]

该报告中一个颇具新意的建议是设计一个"术语解读"工具,让公众明白他们的代表在说什么和做什么:"让公众熟悉议会采用的语言对于议会的进一步开放非常重要。术语解读工具能够帮助人们理解议会所使用的艰深术语。"[11] 把公民当作身处异域、语言不通、步履维艰的游客,认为一本电子术语手册便能增强他们对政治的了解,这种想法没有抓住问题的关键。也许需要电子术语手册的恰恰是政治代表们,以便他们与在政治上利益和观点没有得到充分代表的诸多社会团体进行良好的交流。任何有意义的转变都不应当是单方面的,仅仅单方面要求公众"像我们所希望的那样了解我们"这样的诉求,并不能解决代议制危机中的关键问题。委员会给议会制定了"让所有人在 2020 年都能了解议会的工作"的宏伟目标[12],但是民主面临的更为紧迫的挑战应不应该是让议员有更好的方式来了解公众("所有人")在做什么、说什么和想要什么——即消弭政治(即政治机构的自上而下)和民主(即草根阶层的自下而上)之间的巨大鸿沟呢?

协调政治抗议

传统的政治机构并不是公众反映和表达自己诉求的唯一途

径。随着对传统的政治机构逐渐丧失信心,公众越来越认为追求民主的行动应该避开或超越传统的政治机构的范畴。网络化的社交形式使得二十一世纪追求民主的人士在确定行动日程、制造影响和进行抗议时能够将事前线上协调和线下行动相结合。数字时代中追求民主的人士在运用互联网方面比大部分机构都具有广泛性、即时性和创新性,依托互联网,他们能快速聚焦起政治能量。与其坐等被代表,数字时代中追求民主的人士摸索并完善了高效的自我代言模式。

在这个过程中,追求民主的人士不得不面对一个由来已久的协调方面的挑战。学者和实践人士都认识到,互联网的确能够使缺乏丰富资源,没有固定计划和固定组织结构的群体协调一致并最终采取共同行动,但这方面形成系统理论的时间并不长。W. 兰斯·贝内特与亚历山德拉·塞格博格合著的《连线行动的逻辑:数字媒体与个人化的抗争性政治》(*The Logic of Connective Action*:*Digital Media and the Personalization of Contentious Politics*)涵盖了新社会运动中的大量案例,比如西班牙"愤怒者运动"和占领运动,这本书应当是重新审视数字时代集体行动的开山之作。贝内特和塞格博格详尽地阐述了数字技术如何帮助具有相似问题或目标的人们在不借助集权政党或运动领袖的组织的情况下联合起来。本书不可能对该书中精心构建的理论进行完整评价，在此仅简单介绍一下贝内特和塞格博格的观点的核心：

> 当人们借助技术平台的各种网络协调手段形成关系网络后，接下来的行动类似于集体行动，只是这里没有正式组织的角色，也不需要制订特定的集体行动计划。在连线行动中，没有等级森严的组织来传达内容或安排角色关系，连线行动的网络涉及的是"共同生产"和"共同分配"，这体现了不同的经济和心理逻辑关系：建立在分享和个性化表达基础上的平等化"生产"关系。[13]

这样一来，民主行动更加容易协调，在行动的过程中令人压抑的束缚减少了。贝内特和塞格博格引述了连线行动中的醒目案例，包括为应对经济危机而产生的社会运动、第三部门如何采取新的更加灵活的组织策略等。随着连线行动越来越受公民，尤其是对"DIY政治"[14]的多样性感兴趣的年轻人的青睐，公众过去那种参与政治和追求民主的形式显得越来越老套，并且难以承载民主方面的期待。如果人们能够在网上遇到志同道合的人，需要的话还可以在线下见面，还有什么必要每周都坐在冷风阵阵的会议室里讨论当地党派分支机构冗长乏味的议程呢？力图参与政治并追求民主的民众，原本想与议会和政府进行互动，但他们被议会和政府赋予的角色往往仅仅是旁观者，而连线行动最具魅力之处恰恰在于它强调民众不应当仅仅是政治和民主的旁观者，他们应当是切实的参与者。连线行动侧重"不依赖传统组织机构进行相关组织活动"[15]，这为民众参与政治指明了一个新的方向。

在把互联网作为一种政治资源的观点上，即便最悲观的批评家也难以否认的是，尽管民主协调的问题还没有消除，互联网已经取得了下列进展：拓宽了在公共领域所能被听到的不同声音的范围；让属于不同组织和地域的人们，能够更容易地联合起来，而且这种联合常常是全球性的；地位巩固的既得利益者无视意见不同者的难度更大了，后者的存在已经无法忽视。像从前运用种种资源一样，财富和权力享有者也想利用互联网来巩固和加强自己的社会—政治优势，但是由于在互联网时代，他们对媒体的把控作用不断减弱，他们想利用互联网来巩固和加强自己的社会—政治优势变得越来越困难，而且还要比互联网应用之前做更多的遮掩。如今，想要装作代表人民的利益，而实际上忽视人民的利益和诉求前所未有的艰难，而没有被适当代言的人们联合起来表达自己的主张却前所未有地容易。

从规范的角度来说，这一切对民主都是有好处的。但是连线行动也有局限性。汇集分散的能量以形成政治行动，是保持民主有效性的重要前提条件，但也只是前提条件而已。进行短暂动员和制定长期政策这二者之间有巨大的区别。提出一个激进的议程是一回事，而将其纳入政策实施框架中则是另一回事。若缺乏有效的动员，形成持久政治影响的可能性则比较小；但若只有强有力的动员，民主的能量也会很容易消散。

这里的关键问题是民主政治核心中的输入和输出之间的对立与统一问题。输入指的是政治诉求的表达。对于民主而言，输入的质量可由政治诉求表述的程度及其论证的合理性、思想性和全面程度来衡量。输出指的是政治权威机构的政策和行动。输出的质量可通过其对公众输入的响应程度得到最有效的衡量。一个在政策制定过程中鼓励公众输入，但在形成输出时忽略公众输入的政治体系在民主方面是站不住脚的。同理，一个将政治输入局限于精英阶层的政治体系，即便其政治输出保留了公共的成分以及程序上的有效性，也永远不会是民主的。网络政治学领域的领军理论学家曼纽尔·卡斯特承认了这种对立统一关系的存在，他指出"从希望产生到产生切实变化的关键之处在于活动方的诉求能否得到政治机构的重视与回应，以及活动方参与谈判过程的意愿"。[16]这里所说的谈判往往一开始便注定是失败的,因为通过互联网形成的活动对以国家为中心的政治安排缺乏信任:

> 活动并不反对代议制民主的原则,它不认可的是代议制民主在目前的实施方式及其合理性。在这样的情况下,活动方和当政者之间很难形成积极的直接互动……既然政策变化要经由政治变化产生,而政治变化代表当政者的利益,如果没有发生会彻底改变整个体系的重大危机,那么活动对政策的影响往往是有限的,至少在短期如此……[17]

以上论述绝不仅仅是对社会运动未能引发大规模的全球变革的一种肤浅的评论。问题不在于连线行动没有作用(很少有人会否认占领运动的"我们都是那99%"的文化因子风行全球或维基泄密事件中对话语霸权的成功打破的意义),而是在国家和国际层面引发政治变化的过程需要与政治精英进行长期的战略对决,而政治精英具有阶级性,他们通常冷漠,对外部世界也缺乏了解。即便社会变革倡导者有大量的网络支持,仍然不太可能通过道德诉求渗入精英组织中。连线行动在倡导激进的输入方面也许能发挥作用，但是它缺乏将输入转化为输出的机制。等待"彻底改变整个体系的重大危机"[18]出现是连线行动主义者的一个选择，但是相比之下更有益的做法是寻求将制定决策的过程本身民主化，以便将公众意志纳入持续的政策之中。比起目前连线行动所秉持的政治激进主义的短期概念，后者需要更长远的眼光。

一种辩证的尝试

最近发生的力图利用互联网来重新振兴民主的尝试主要有两种：第一种强调利用互联网让政治代议制变得更加现代化，第二种强调要充分利用互联网给政治协调和连线行动所带来的机遇。这两种尝试分别代表了两种不同的民主观点，它们都在以各自的方式努力地巩固和增强自身的有效性，然而彼此之间并不合作，而是依赖以互联网为代表的数字科技，在各自的道路上艰难前行。议会代表想得到公民的了解和理解。连线行动者想让政治精英感受到自己的存在。每个民主阵营都创造了自己的民主框架。自上而下的民主主义者的民主框架就好比是政治堡垒的锁被打开了，通过数字化的形式把公众邀请到听众席上来。在自下而上的民主主义者的民主框架下，民主主义者自比为永不消失并且不断扩大的动员力量,横向互相连接,而纵向则在某种程度上疏离。

如何协调这两种不同的民主框架的分歧呢?想要实现互联网与民主的良性互动发展,那就必须回答这个问题。在回答这个问题之前,这两种民主框架之下的民主主义者都在试图从各自的视角出发,去解决民主实践中出现的各种问题,但其结果往往是徒劳。有些人将以互联网为代表的数字传播技术视为巩固每况愈下的体制和不合理的等级制度的手段,他们在互联网如何加强民主方面恐怕提供不了有用的答案,他们的思想仍然固化在工业化时代的政治治理模式之下。还有些人认为互联网在某种程度上描绘了一个"所有人,不论其种族、财力、武力或出生地如何,均能参与"[19]的后政治世界,而他们无疑也会感到失望。以互联网为代表的数字传播技术不会缔造或取代政治现实,而只能在为创造一个比我们目前所拥有的更为丰富的民主而努力的过程中发挥一定的作用。民主理论学家约翰·基恩曾说过:

> 当面对不熟悉的新形势时,往往容易假设以互联网为代表的新媒体将会继续做在过去的形势下我们所熟悉的事情……,并且效率更高、效果更好、更迅捷、更经

济。……这种思维方式是应该摒弃的。假设的效用不能被夸大。我们需要的是全新的探索、新颖的视角以及"疯狂"的想法,以便以不同的而且有意义的视角来看待事物;我们需要更有针对性的方法,以便识别我们这个时代的新事物、随之而来的民主机会以及有可能扼杀民主政治的"反潮流因素"。[20]

只要遵循这条明智的建议,就会在接受现有民主中的制度刚性和弹性,与了解和我们这个新时代相对应的新的民主价值观、民主行为和民主联系这两者之间实现良好的平衡。这意味着需要探究下面这些基本的问题:我们想生活在一个什么样的世界?什么样的政治对我们最有用?以互联网为代表的信息和传播技术如何帮助我们认识人类社会?这意味着要思考我们是否真的想加强民主,或者我们是否做好准备接纳那些与我们现行的民主原则相悖的民主原则,并用这些新的民主原则来重新定义我们的民主。这意味着要探寻:即便互联网能够让政治领域更具包容性,我们是否确定想要如此?我们是否真的重视所有人的想法,并想从最大范围的人类经验中汲取真知?这些问题不容回避,否则便会忽视许多在名义或实质上站在民主对立面的强大声音。在互联网相关的讨论中,有很多对于网络公众的浅薄无知和不负责任的担忧,对于我们来说,探究这些担忧是我们这个时代特有的,还是有更深层次的原因,将是很有帮助的。历史上,先后出现了几种对政治产生深远影响的远距离通信技术,互联网是最后才出现的,因此,研究在互联网出现之前出现的远距离通信技术——电视在出现之时,是如何被作为促进民主的媒介看待的,有助于我们更好地研究互联网对民主产生的深远影响。本书的第二章将对这些问题进行探讨。本书的第三章将探讨在已巩固的民主制度下,传统的政治沟通做法在互联网时代所发生的种种改变。这是一系列渐进的修正,而不是全面的转变。目前有大量的文献研究这些变化的范围和深度,但是整体来看都是零碎不成体系的,研究的内容包括:政治机构面对新兴的传媒生态学的迟缓适应,很难获得确定成果的尝试和试验,被官僚主义程序消耗殆尽的宏大想法,以及与政治逻辑相抵触的技术治国理论解决方案。分析止于此将是一件憾事。这也是为什么本书最后一章在认同民主的某些特征——比如代议制、选举、国家等——有可能在将来继续存在(但有可能改变存在形式)的同时,呼吁不囿于政治领域惯例的种种束缚、更加不拘一格、充满想象力的思考出现。如果采用了这样的方式,我们的思考就不会只侧重于互联网如何影响民主,而是更多地转向民主和技术是如何辩证地交织在一起的。民主不是先实施再调节,而是在不断调节的过程中实施。一直以来,调节的技术都与民主的社会实施有着内在一致性。因此,互联网是否能有助于加强民主取决于我们想要加强的是什么样的民主。

第二章　民主政治的希望与恐惧

民主出什么问题了？

民主最初产生于民众的一些朴素而又本能的想法：权力的运用必须对受其影响的人负责；独断专行的专制机构本身值得怀疑；民众有表达自身看法的权利，不应受到限制或指责。民主的根本原则是，涉及社会共同的利益和价值观的问题应由具有个体意识的民众独立地通过集体表决的方式决定，而不是仅仅由少数精英人士确定。

社会治理模式与社会沟通方式之间一直存在非常重要的相关关系。沟通方式不仅仅是一种传递政治信息的方式，而且是影响政治权力实施方式的重要决定因素。若要民主不成为一张空洞的标签，必须让政治代议机构真正地倾听广大民众的呼声并能切实代表广大民众的意愿。因为民主决议往往是集体决策的结果，而不是独裁者一时心血来潮的产物，它必须有符合民主规范的沟通形式、沟通风格和沟通习惯作为支撑。

在现今的二十一世纪早期，尽管仍有很多民众笃信当局所"宣扬"的民主，但有越来越多的民众开始对实质上的社会权力处于公众控制之外的状况感到担忧，这些社会权力被无法解释清楚的国际力量和难以捉摸的国内精英所把控。政治似乎成了一个马基雅维利式的追逐权力的竞赛：争夺统治权，争夺话语权。政治竞争中的获胜者似乎往往是处心积虑、精明狡猾的精英阶层和他们的自私自利的幕僚们。渐渐地，以"政治方式"行事意味着通过手段获得好处，牺牲真实性，而只求表面上的合情合理。

尽管民主政治承诺，所有社会成员，无论其社会经济地位如何，都能够按照自己的意愿处理和解决与他们相关的问题，然而越来越多的人们逐渐认识到政策的形成和决策的制定都没有听取他们的意见。人们承认自己有权投票选举政治代表和就政策投票（并且承认这当然要比没有这种权力更加民主），然而却感到那些给生活带来影响的真正重大决策的制定不仅没有他们的参与，反而让他们觉得自己是被欺骗了的、不明就里的旁观者。大部分政策的形成和决策的制定都是复杂和不透明的，而且由"不承担责任"的机构进行，比如国际货币基金组织、世界银行、欧盟、跨国公司以及无形而万能的"市场"。

关于政策的提案要么难以理解，要么过于狭隘，将显而易见的更为合理的选项视为"不实际"而摒弃。在政策甲和政策乙之间做选择也仅仅是为了选出较为不糟糕选项而已。政治民主逐渐像在一家极差的超市购物，顾客要么买不到想要的东西，要么买到的不合心意。

另一方面，民主政治也在遭受着信任缺失的损害。面对政府、政治领导和其他权力机构摆出的种种"事实""陈述"和"建议"，人们不知道应该相信什么。我们大部分人都倾向于相信别人在对我们说话时是善意的、所说的话是有根据的，但是经验教会我们对待某些消息来源时要更为审慎。如今，不相信政治领导所说的话几乎成了大家的习惯性思维。"像政客一样说话"已经成了歪曲事实或者直接撒谎的流行委婉语。判断政治领导是否说了真话是一个挑战，为此民众必须成为"解码专家"，因为仔细推敲会发现他们尤其擅长言此意彼。他们有时会玩弄文字游戏，或者语焉不详。他们经常对不同的听众说（或者作势欲说）不同的话。"目前我们对于……没有计划"意思也许是"我们差不多明年肯定会有计划"。"该政策获得了我们能够找到的最好专家的支持"也许可以理解为"我们想方设法从许多专家中找到了认为该政策可能会起作用的一位"。有时政客会对某个政策做出清晰的、令人信服的解释，但是随后马上就会有另一个政客——或者政治评论员——指出不久前看似无懈可击的话语中不真实的内容、缺少的证据和本身自相矛盾之处。要不了多久，人们就会对这一切厌倦不堪。生命苦短，我们哪里有那么多时间对政客们无穷无尽的政治讲话一一甄别。

政治领域中的事件纷繁芜杂，要想理解它们需要花费时间和精力。政治议案的复杂性本身就很容易让人无所适从、望而却步了，而通过相互讨论、得出深思熟虑的结论的可能性更是少之又少。政治传播是以市场为导向的，其目标是推销"品牌"（可以是一名候选人、一个政党或一项政策），而不是请人们来权衡利弊。随着政治话语变得不再温和有礼，人们寻求共同之处、理解对立的价值观和包容由不同生活经历产生的不同观点的可能性越来越小。政治辩论通常会通过电视或者收音机播出，在演播室里，圆熟的政客一面像跳凌波舞一样灵活地绕过向他们提出的各种问题，一面竭尽所能忽略、贬低或打断对手。不习惯这种怪异辩论方式的观众往往会换台，或者关掉电视或收音机。在大多数人看来，一个大家都有权投票、但是没人有时间或机会来思考自己的看法或倾听别人意见的政治体系仅仅是一种空洞的民主。当今政治民主所缺失的元素是商议，即互相分享、比较、争论和形成观点的机会。有效的商议必须能带动整个社会,把不同的个体、群体都纳入尊敬彼此的公共对话中。但是如今哪里能进行这种有意义的商议呢?试一下在谷歌中查找距你最近的商议场所,你会找到投注店、艳舞俱乐部或换汇场所,但是不会发现任何经认可的公共商议场所,这本身就能说明问题了。

除此之外,人们普遍感觉到在政党、政治活动或媒体争论中最响亮和有力的声音来自某些特定的社会群体。在参政、投票、为政府提供建议、为自己的利益游说并抵制与自己的利益和价值观不一致的决策时,拥有更多财富、更好教育经历和更多文化自信的人具有更大的优势。在英国,35岁以下、年收入在1万英镑以下的人参与投票的比例只有34%,而55岁以上、年收入至少为4万英镑的人参与投票的比例是79%。在一项针对12个西欧民主国家的政府在1973年到2002年间对选民倾向性的响应情况的研究中,研究者得出以下结论:

> 政党对公众中的绝大部分,即由不经常参与政治讨论的普通民众构成的选民,没有展现出积极回应的倾向。与此相对,政党对"舆论领袖"的观点显示出高度的回应,比如相对较小的子选区中经常谈论政治的公民以及在政治问题上试图说服他人的公民,常得到政党高度

回应。[1]

一项针对美国参议员对选民政策倾向的响应情况的研究发现,"参议员对经济状况佳的选民的响应程度要远远高于经济状况一般的选民",该研究还指出,"参议员本身经济状况佳,并且往往财力极其雄厚。"[2] 政治重新产生了不平等。最需要政府帮助的人在为政治议案谏言、投票选举或让所选的代表听取其意见方面所起的作用往往最小。对于那些处于社会最边缘、最劣势的人,那句耳熟能详的话——"无论你给谁投票,政府都是赢家",依然是切中要害的。

以上这些都揭示了高尚的民主原则和现实政治实践之间令人忧心的差距。承认这一点并不等于说民主是赝品和骗局,或者投票是无用的,或者政府对公民来说全然不可信任。也不等于说民众没有言论、集会和组织自由,或者民众永远不可能通过抗议阻挠政治精英的决策。然而,当多数民众都感觉自己处于这样一种民主政治体系中时,事情就糟糕了:这种民主体系将多数民众排除在外,与民众利益相关的决策也不听取民众的意见,在这种体系下的政治机构不再被民众所信任,相关的公共讨论充满喧闹、偏袒且缺乏深思熟虑,活跃在政治领域的人也不能代表全体大众。

无论是较少涉足政治的民众，还是政治领域的精英人士都有这样的感受：政治沟通并没有很好地为民主效力。根据舆观调查网（YouGov）2015年4月的民意调查，在英国社会经济地位最低的群体（DE）之中，仅有四分之一的投票人认为民主很好地体现了他们的利益，该比例为社会经济地位最高的群体（AB）的一半。在社会经济地位最低的群体中，几乎三分之二的投票人表示民主体现他们利益的程度非常低，而仅有不到十分之一的投票人认为政客们知晓他们的生活处境。同年，皮尤（Pew）研究中心的民意测验结果显示，美国39%的被测试者认为"和我一样的人的投票并不能真正影响政府的管理"，而接近一半（47%）的被测试者称"普通民众在对政府施加影响力方面并没有很大的发挥空间"。

与此同时，政界领袖和相关的政治研究学者表示，与民主相对应的公民权前景堪忧。2016年2月10日，美国时任总统奥巴马参加伊利诺伊州的联合大会并在演讲中称："公民权正在遭受一种有毒的政治气候的威胁，它迫使公民无法参与到我们的公共生活中来。它令民众对公共议题失去兴趣，变得愤世嫉俗。结果是更强劲和偏激的声音来填补了这一空白。"英国激进右翼的领袖人物彼得·奥伯恩曾说过，"政治阶层"的成员已经拉大了他们同普通民众的距离，他们所用的表达方式

"晦涩难懂，往往以自我为指向，他们关注的总是操纵投票的伎俩，认为对于民众来说，有些事情民众无法理解，有些知道了意味着危险，而这种想法与民主是背道而驰的。"[3] 2016年，希腊前财政部长雅尼斯·瓦鲁法克斯在TED大会上的讲话称，公民认为政治在某种程度上与自己无关是对的，因为"我们将民主限制在……政治领域内，而在另一领域——经济领域，全然没有任何民主"。

在当下的二十一世纪，民众关于民主的上述焦虑是非常明显的。民众在逐渐远离民主，这方面的表现包括：最近发生的民粹主义者的反政治浪潮；反人文主义的、以清除启蒙运动带来的感性财富为目标的神权政治；民众对民主的信任度正在不断减少，对民主的参与度正在逐步降低。民众正在持续远离民主这一现象已引起了精英的自我反省。当代的政府政治治理不仅依赖公民定期为它投赞成票，还需要公众参与解决一系列单靠正规政府机构无法解决的重大问题，比如气候变化、抵御恐怖主义和公共健康风险。然而民众却对政府心存疑虑，他们认为政府不知道如何听取人民的意见，而所谓的共同治理在更大程度上是共同选择政府的既定方案，而不是在相互沟通的基础上产生治理方案。这些疑虑阻碍了公众参与解决前述问题。为了探明这一针对政治的不满的根源，相关机构举行过会议也发布过报告。为了实现"与民众联系"(尤其是年轻人),相关机构也开展过相关具有充裕资金支持的活动。有人说民主正在经历合理性方面的危机,因为人们极度不信任政府,政府很难以人民的名义采取大胆举措。对此,2014年3月1日,正统观念的堡垒——《经济学人》(*The Economist*)杂志以《民主出什么问题了?》为题刊登了一篇相关文章。

巨大的妥协

对于《经济学人》在上面提出的问题,其中一个回答是这样的:直白地说,民众不具备在民主的舞台上承担主角的能力。民众除了每隔几年作为选民来"支持或反对履行具体治理职能的个人"之外[4],不能指望他们整体涉猎政治领域。因为民众被认为容易轻信偏见,以及被民粹主义政治煽动家所鼓惑;较之为当地的议会投票,他们更乐意给电视上的才艺表演投票;他们变化无常而不够忠诚,无法让领袖信赖;他们的言辞缺乏斟酌,不够优雅;还有就是,当然了,对于自己被更有智慧的人领导这一点并不感到荣幸。如今很少有政治评论人士会公然反对民主原则,但当他们听到人们煞有介事地谈论政治时,便会降尊纡贵并怒气冲冲地进行回应。

例如，右翼新闻工作者罗德·利德尔曾将互联网比作"一首平庸陈腐的曲子，其间充斥着愚蠢、疯狂、怨恨和嫌恶，信息充满错误，推论破绽百出，毫无生气，沉闷乏味……而不能够赋予一无所有的大众任何权力"[5]。他打这个比喻时，并不是针对互联网本身，令他感到不快的是"大众"：他们在网上大声喧嚷、发表不成熟的意见、容易愤怒，就像在现实生活中一样令他感到恼怒。如同他的前辈一样，利德尔大概会认为大众民主是一个不错的点子，只要大众不再像以前那样喋喋不休。

确实，政治精英拥护民主的历史并不悠久。在此之前，他们的共识是没有什么比民主更让人无法忍受的了。十九世纪英国政坛上的两位重量级人物都自称为反民主主义者。自由党领袖威廉·格莱斯顿宣称"如果民主意味着无知在学识面前加冕，邪恶在美德面前登基，以及对等级的无视……那么，……在这种意义上我是民主的敌人之一"[6]。保守党领袖本杰明·迪斯雷利称"我敢说英国永远不会采取民主制度"。他警告道，如果建立民主制度：

> 传统的魅力将不复存在；历史显赫的家族将荡然无存；在自由受到侵袭时，可以团结带领人们奋起抵抗的

领军人物将不复存在;没有政治才能、雄辩力量,没有学识,也没有天才。有的只是一群籍籍无名、自私自利的平庸之士,除了"胡作非为"别无他长;以及目前这群狂暴的煽动者正在谋划和实施的"祸端"。[7]

十九世纪中期,全民选举即将来临。托马斯·卡莱尔称"民主的阴影四下笼罩,令人感到恐怖不安。它不停地高嚷,像卡俄斯(即"混沌",希腊神话中最古老的神——译者注)一样发出含混不清的声音"。他认为"愚蠢的人永远都要受聪明的人统治,任由能力更强的人引导他们走上正确的路。"[8]

上述过激的言辞源自于对"大众"或"暴民"的恐惧——这两个缺乏敬意的标签所指的对象,是一个被认为缺少认知和审美能力,因而只能在国家文化中扮演次要角色的群体。这个刚刚获得选举权的包括大多数人的群体有了形形色色的描述:"猿猴中的一种""无智阶级""大量的面目不清、没有固定形状的人体胶状物……在仇恨、报复或羡慕这些本能的气泡冒上来时或随之晃上一晃"。[9]

虽然有诸多反对的声音,普选权还是占得了上风——尽管是建立在妥协的基础上的。英国最有名的宪政学家沃尔特·巴奇霍特在述及刚获得选举权的大众时这样说道:"尽管他们人数众多，仍然必须要接受相关领导，至少其影响力还是不如精英人士。无论其能力如何出众，还是不如精英人士；后者受教育的时间更长，其职业能带来更大裨益。"[10] 进入我们的时代，在这种妥协观念的影响下，民主成为一个局限于政治领域的概念（与之相关的是选举代表并令其承担责任），而不是一个与文化价值相关的概念，并且沿用了一些并不民主的设想，比如某些个体天生具有更优秀的习惯、品位和能力；主流文化机构（如艺术、高等教育、公共服务广播和私立教育）的目的是让这些重要的根植于文化的优秀习惯、品位和能力得到认可和延续。我们大多数国家所经历的政治民主具有一种悭吝的特征，即只在每隔几年的短暂的选举时刻才会平等对待所有人，而其余时间则屈服于经济上的结构性不平等和文化上具有自我复制性的等级结构，而正是这种经济上和文化上的不平等给社会深深地打上了不平等的烙印。

  这一妥协的核心是继续将非精英看作"民众"的观点：民众被看作不近人情的"行尸走肉"，平庸且没有受过良好的教育，永远只会给文化带来威胁。民众的存在需要认可，但是不需要尊敬；他们出身低贱，是廉价的电视纪录片的嘲弄对象，也是广告商劣质商品的推销对象。雷蒙德·威廉姆斯曾敏锐地指出"民众实际上并不存在，存在的只是将人们视为民众的做法"。傲慢者贬低民众,轻蔑地称其为平民(demos)。正如威廉姆斯所说:"我不认为我的任何亲属、朋友、邻居、同事或其他认识的人属于民众;我们谁都不可能是。民众永远是其他人,是我们不认识的和无法认识的人。"[11] 上面提到的妥协观点的核心是:不同生活阶层的人(精英与普通民众)之间存在"天然"的鸿沟,这一鸿沟导致不同的生活阶层的人之间无法进行维持民主商议所必需的沟通交流。

二十世纪中期,电视机成为新的主要沟通媒介,民众的角色也被重新设定,这一次是电视观众。这一切的来龙去脉是什么?而现今作为对电视造成的"观众民主"的回应而产生的对互联网的期待又能得到多少认同呢?[12]

电视能给民主带来好处吗?

人们对电视的期望源自电视的下列特点:它能把人们聚拢在一起,能够触及始终没有读写能力的人,能够给人们带来广博的知识和多元的价值观,能将复杂的问题简单化,还能促进包容。最初向公众销售电视时,它被蒙上了一种激动人心的乌托邦主义色彩。美国无线电公司在1956年的一则影院广告中描绘了如下景象:

> 有朝一日，因为电视，整个世界将以光速出现在我们的客厅中。国际电视已离你我不远。它能够跨海越洋，捕捉到遥远地方的美景；它能把各个国家的人们联在一起，大家彼此有了更多了解和理解，在影像和声音的同步沟通中紧密地联结在一起。[13]

弥尔顿·舒尔曼在述及阿波罗 11 号登月事件时，为电视报道将全世界连在了一起而激动不已："无论是君王、独裁者、国家元首还是企业巨头——无论其财富与权力如何，他们与东京最卑微的机修工和加利福尼亚最贫穷的墨西哥摘葡萄人一道，共同分享同一时刻。"[14] 电视对政治民主的作用无须赘言。"几乎可以肯定，电视在……把国家作为一个共同体看待的政治教育方面……提供了无与伦比的源泉"，美国第一批研究电视这一新兴媒体的学者中有一位如是说。[15]

但对于"大众文化"评论家而言，电视只不过是一个"儿童的媒介"，"年轻人成为了公认的'常驻专家'"。令人担忧的是，这一新兴媒体"减少了交谈时间"以及"家人间的互动"。[16] 评论家将此归咎于电视的庸俗化力量。W.H.奥登说过："在我看来，高雅的人怎么会看电视，更不要说有一台电视了。"有一位学者写了一篇题目是《民主能赢过电视吗？》

(*Can Democracy Survive Television?*)的文章,文中称:"人们越来越依赖电视,将其视为政治信息的来源,于是接收的复杂政治信息减少了,随之而来的结果是,人们认为就政治信息进行复杂的脑力思考的必要性减少了,继而人们思考复杂政治问题的能力会下降,最终政治本身的复杂性会降低。"[17] 还有一位评论人对电视发表了更为直接的看法:

> 令人难过的似乎是……在任何一个社会,不排除伯里克利时代的雅典,具有良好品位或非常重视思想的人都寥寥无几。而具有娴熟地思考并乐此不疲的能力——这里说的是性情和能力,而不是教育——的人,更是凤毛麟角。大众媒体的缺点至少部分上由大众的缺点决定的。[18]

在读到有关电视和民主之间的辩论性文章时,我们会因为这些分析所秉持的极端而机械的二元论观点以及它们与现今对互联网政治的批评之间不可思议的相似性感到震惊:一种新的传播技术,要么成为挽救社会秩序颓势的灵丹妙药,要么加剧文化的衰落,似乎永远只能在二者中取其一。关于那个时期的中肯评价寥寥无几,杰伊·布鲁姆勒的评价就是其中之一。一些知识分子认为电视这一媒体"抑制和降低品位,传播肤浅和享乐主义的价值观,滋生对暴力的热衷……并且在总体上宣扬一种虚假的文化",杰伊·布鲁姆勒对此并不认同,他对这种论点未能"说明任何问题"表示遗憾,并称:

> 这一失败也许与以上论述中常见的以自我为中心的论调有关。也就是说,该论点主要反映了知识分子想向媒体妥协,该媒体所设定的标准与他们习惯遵守的标准是不相同的。因此,该论述侧重知识分子的焦虑和需求,而不是媒体在大部分公众生活中的地位……[19]

确实,对电视的不满实际上是对电视观众的不满。电视观众与电视出现之前的民众一样是一个松散的群体,他们暂时脱离各自复杂的社会背景而组成一个具体却不够清晰的集合。电视观众成了话语的对象、施加影响的对象以及进行评估和推销广告的对象,他们获得了对自己有用的信息以及文化上的满足。电视产业将观众看作可以触及的目标,而电视的评论家认为观众无论怎样都不可能被触及,除了充当最小公分母。这些观点都没有认识到观众作为公民拥有自己的民主代理机构的可能性,都将电视化的政治视为某种需要传输给大众并令其接受的东西；都认为电视化的政治是永恒的独白，而不是多方的对话。（当然了，在现实中，根据电视节目接收情境以及观看等方面的原因，观众有时会更加活跃地参与到话语意义的讨论中。[20]）

起初，电视单纯地报道政治事件和权力的运用情况，并向公众诠释政治博弈如何运行，但是后来它开始制定"游戏规则"。如今电视要求政客适应其沟通逻辑，在电视上展示自己并煞有介事地接受以民众代言人自居的采访者和评论者的采访。竞选运动变成了抢镜头大战；公关专家左右政策的制定，政客们满脑子都是自己将在镜头前如何表现以及如何取悦电视观众；治国理政的能力与资质与屏幕上的形象混为一谈。这些以"观众民主"为宗旨的举动让公民产生了困惑，他们需要努力将真正的执政能力与镜头前的表演区分开来。政治精英和媒体精英之间的"共谋"加剧了这种困惑，他们只顾自说自话，只想在荧屏比赛中胜出，而往往疏于为自己的观点提供有力的证据。人们越来越觉得电视政治并不能提供"真正"的民主，它不过是一场没有悬念、冗长乏味的表演，将想象中的观众变成了沉默的临时演员，他们的经历和价值观都不重要，他们所需要做的只是投票而已。

远程民主是否能带来改变？

在互联网尚未诞生以前，电视新闻观众就开始用他们手上的遥控器投票了。电视上无休无止地播放的新闻让一些人索性退避三舍，而另一些人则希望能够找到让政治实现"民主复兴"的新技术和空间。

在互联网出现之前有过很多采用传播技术让公众参与政治的实验，这些实验后来被称为远程民主。一些人认为，本地有线电视因其具有提供宽带互动的功能，可以被看作将政治代理权归还观众的一种方式：

> 观众将不再是大众传媒信息的被动接收者，而是将活跃地参与到信息的筛选和传播中去……由此，大众传媒的传统角色发生了反转，不再是单向地向观众传播信息，观众也可以进行反馈，在这种情况下，传播渠道变成传播主体与客体（观众）的共同载体，每一位观众都能够对其施加控制。[21]

计算机、无线电通讯和交互式有线电视不断结合，产生了许多新举措,让公民直接参与到政策制定中来。1972年,阿米泰·艾丘尼发起了一个名为MINERVA(意为"用于评估公民的反应、投票及态度的多重输入网络")的项目,其目的是实现"民众互相探讨,并且无需走出家门或会聚一堂就能达成一致意见。"[22]该系统包括电话会议、无线电、双向有线电视和卫星。在二十世纪八十年代,夏威夷的火奴鲁鲁和加利福尼亚南部进行了大量的"远程投票"实验,随机选择公民并给他们打电话,请他们熟悉一本小册子中的政治信息和观点,然后就一个政策问题投票。实验中的试验项目则采用了互动技术,为公民和政府官员提供相互沟通的直接渠道。

F. 克里斯多夫·阿特顿对上述远程民主方面的举措进行了全面的分析。他指出这些新技术有五个潜在的可以促进民主化特征:第一,降低成本和加快信息传播速度;第二,大大增加了信息交换渠道的数量;第三,信息交换渠道的增加也让在公共场合发表意见的声音更加多元化;第四,有助于不同的群体因特定的利益联系起来,互相保持联系;第五,形成了打破人际和大众传播限制的相互沟通,可称为"半私密"或"半公共"的沟通[23]。这里所说的每一个特征都适用于后来出现的互联网。然而在这些试验中重要的不仅是技术的确切作用,更为重要的意义是它们对想要参与政治的公民个体而言意味着什么。与技术决定论（一种认为技术能够独立产生社会影响的观点）相对应的，是政治决定论（认为只能通过一种方式来组织和争取权力）。远程民主试验提出了是否能够通过不同的方式实施政治代理的问题，在以互联网为代表的数字媒体时代，这一问题显得尤为重要。

简单地说，这些在政治沟通方面进行的试验促使我们思考这一问题：如果不把民众看作混沌的群体或好奇的观众，民主会是什么样呢？毕竟若要给政治论争注入活力，必须从外部独立性的角度来看待民主代议机构。

不是"民众"或"观众"

不把公民看成"民众"意味着要承认三点。第一，他们是能够独立思考和行动的有思想的个体，而不是冲动行事、无法摆脱社会人口学统计规律的群体。作为民主的主体，公民能够实现个体和社会成员之间的统一。他们既不唯我独尊，也不是被剥夺一切、毫无自由的一群人，他们能够在社会中按照自己的目标采取行动。他们与所设想的民众不同，后者的想法只能从其不合规的行为中解读出来，而具有民主意识的公民则比较理性。为公民预留民主的空间，也就是承认公民的思考能力，以及尊重形成和表达这些思考的多样方式。

第二，具有民主意识的公民有社会性并且善于社交，他们有能力做出共同判断。他们会接受外界影响，不是因为他们轻信易骗，而是因为对于有用的信息，他们会像具有合作精神的狩猎者和采集者一样行动。他们会群策群力，并且会达成共同的目标。当目标与理性产生冲突时，政治便出现了。在没有民主机构的情况下也会产生政治分歧，但是只有民主机构存在的情况下，这种分歧才有可能是公民真实意思的表示，公民才能够感觉到自己能够以一种有效率的方式处理这些分歧。

第三，有了民主机构，作为政治组织个体成员的公民才会感到自己能够影响政治组织的决定和政策结果。民主机构不是公民意见产生影响和作用的最终条件，而是其可能产生影响和作用的基础。在这个意义上，民主制度下的公民是一个不断发展的概念，在发展的过程中，看起来很自然和必然的东西得到了验证，并且又发展演化出了新的结构与形式。在一个民主机构中，如果没有相关的制度加以规范和约束，那么谁来发出指令、谁来服从；谁是专家，谁来倾听；什么是合理的假设，什么是无知的偏见，这一切将变得很无序。

民主制度下的公民不是混沌的观众，后者习惯了以"发送者—接收者"模式为特征的政治沟通，外界提供什么，自己就接纳什么。民主制度下的公民所处的社会环境已不是仅仅"看电视"和"看报纸"所能涵盖的了。由于人们接触的是间接得到的信息,人们对这些信息的理解和关注在很大程度上受到由其环境、性格、记忆和目标的影响。因此,电视观众和报纸读者往往从信息中解读出不符合发送者本意的意义。

因为人是"立体的"社会人,所以在与媒体互动时不可能脱离自身生活经验。人们对于怎样才能成为具有民主意识的公民有不同的想法,比如在政客们使用诸如"紧缩"或"自由"等术语时,明白他们想表达什么意思;能够对事实的陈述的真实性做出判断;在面对影响到自己切身利益的决策时,能够与决策者进行有效的沟通与交流。民主机构使得明确表达并采取行动来实现这些想法成为可能。[24]

所以互联网加强民主的程度取决于其与民主机构的关系。与前数字媒体时代相比,互联网是否能够使得公民做到前数字媒体时代不太能做到的事情,以及获得更大的民主权利?这是一个基于经验的问题,但是仅仅从媒体的单纯线性效果出发回答这个问题是不太可能的。目前,关于互联网和政治的大部分研究都致力于研究互联网应用的各种形式与各种政治参与形式之间的关系。这些研究取得了一些令人振奋的发现,却很少关注因果联系,本书下一章会阐述这个问题。如果一开始就能采取互联网本身并不会促成事情发生这个设定,是最好不过了。探讨互联网如何融入人们的日常生活,让人们感觉自己能够进行的民主活动范围在拓宽,这比寻求确定的结果要有意思得多。这些活动也许包括搜索信息、分享内容、发布报道、汇总分析数据、储存材料、采取新颖的自我表现方式、挑战权威观点,以及跨界参与相关民主活动等。从这个意义上讲,互联网可以使民主机构拓宽公民参与民主活动的范围,并且可以跨越之前看似不可逾越的文化藩篱。

第三章　民主的不确定性

当代政治具有过渡性和不确定性。民族主义还是国际主义，中央集权还是分权治理，精英主义还是民粹主义，采用模拟技术还是数字技术，政治在这一系列两极之间艰难徘徊。从前毋庸置疑的政治做法开始显出不稳固的迹象，新兴的政治表达方式所表现出的自鸣得意令人感到不安。在二十世纪，形成了政治信息的起草、修饰和传播的常规体系。这种政治传播体系在政治精英、新闻媒体和公民间形成了一种确定的关系。然而这一体系已经被四个相互作用的因素彻底破坏了。

第一个因素是全球化及其带来的巨大影响。随着与社会存在相关的核心活动——无论是经济的、文化的还是政治的——都在全球范围内形成了一个实时的整体，从前基于地域和局部空间的权力观念似乎显得有些过时。国家依然存在，但更多的是因为其象征性的意义而存在，而它们行使主权的能力却受到其无法控制的全球力量的制约。政治与权力的关系日益疏离。

最为紧迫的社会性难题,如气候变化、流行病、毒品交易、非法移民、恐怖威胁和道德原教旨主义冲突,都超出了任何一个政府的能力范畴。政府花越来越多的精力应对社会生活中其无力解决的问题。巨大的权力大都在没有通过投票的情况下被不需承担责任的跨国机构掌握。政府制定的政治程序的地位被边缘化,大量堂而皇之的政治术语也难以掩盖其地位无足轻重的事实。地方性的政治和全球力量之间的关系处于紧张状态,而全世界的人们之间的联系越来越紧密。面对此情景,具有民主倾向的思想家开始寻求让全球力量对人们负责。

第二,传统的政治权力斡旋机构已经"衰败"。政党本应代表公民的利益、倾向和价值观并将之融入可执行的政策中,奇怪的是它逐渐偏离了这一设定。在数字时代,政府机构虽然依据民众的投票取得合法性并以民众的名义行事,却似乎无法与民众形成能够满足数字时代下人们对日常社交的期待的沟通关系。大众传媒的作用在于让掌权者承担责任,为公民提供信息,让民众就与自己相关的事宜在仔细思考的基础上做出选择,以及为多元的公众对话提供一个空间。如今受众不再像以前那样只是单方面接收大众传媒的信息,他们已经具备了"反驳"的能力,大众传媒不得不努力寻求有效的对话方式。在大部分民主国家中,主流政党、政府机构和大众传媒得到的信任是最少的。它们都在竭力"粉饰"自己,树立对公众的想法更加包容的形象,尽可能地掩饰他们把"民众"视为容易上当的观众而不是潜在合作伙伴的传统观念。尽管重要政策依然由地位稳固的政党来制定,国家权力依然由政府掌握,而大众传媒依然是报道政府活动的主要途径,但是所有这一切中却弥漫着人们对政治缺乏信任的气息。人们有时会有这样的感觉:集权政党、政府机构和主流媒体之所以占据主流地位,似乎不是因为别的,只是因为要取代它们的东西暂时没有出现。

第三,迄今为止,个人隐私和公共话题之间的模糊性正在让公众和私人之间的鲜明界限变得越来越不稳定、越来越不清晰。比如在从前,家庭关系、个体身份、性关系和美学观点等都具有私密的性质,如今都成为公共话题。与此同时,从前被认为最好以不带个人感情色彩的理性的政治语言来讨论的话题,现在经常被以充满感性色彩的话语讨论。同一公共话题可以多个不同的"面目"展现,精心炮制后便都具备了可信度。从前认为政治传播是线性的,但现在它具有了多孔状结构。民主事项从前清晰地被界定在"公共领域"内,现在则渗入到了社会的方方面面,一个事项很难说是公共的还是非公共的、政治的还是非政治的了。

第四,信息传播的媒体生态体系已经改变了。三十年前,它似乎是固定和永恒的，尤其是在政治报道方面，以电视为主，报刊为辅，后者对前者进行阐释。当然了，即便在那个时候也存在一些反主流文化的频道，但它们在整个体系中处于边缘地位。随着互联网出现并能够为广大民众运用，媒体再没有可能是居于中心地位、具有准工业性质的向广大观众传播公共知识的媒介。以互联网为代表的数字传播技术的兴起对新闻业产生了巨大的冲击，新闻把关功能削弱了，议题范围扩大了，人为的信息稀缺状况得到了改变，广阔的自主公共互动空间出现了。新的媒体生态并没有取代旧体系，而是对其进行了改造，让各种声音都能抵达话语权的中心，而在过去，这些声音都被轻而易举地边缘化或忽略了。这一新的媒体生态的特性与上文提到的其他三个破坏性因素是密切相关的，即数字传媒超越了国界，变得难以调控，而且在本质上契合了信息的全球传播。数字传媒多变的多孔性特征在注重控制的政治机构看来过于危险。此外，数字传媒在个体空间、公共空间以及个体经验和公共经验之间的调和有助于形成对社会的重新认识。

在面对不确定性时，政治机构也曾想努力"站稳脚跟"，有时会以数字民主的名义将常规程序放到网上，期望以此抑制不良影响。现在所有政治家对必须利用和通过互联网进行治理这一点没有异议，但是很少有人清楚应该怎样做。关于数字治理的方案往往是零散的、不连贯的，政治家们这一刻可能会"鼓吹"新出现的平台、工具或技术手段具备"技术治国"的高效特性，下一刻则可能会哀叹数字空间缺乏界限、难以治理。本书的最后一章是对顺应数字时代要求的民主的可能的状况进行展望。但我们首先要关注目前的不确定性。自1990年第一个网站创建以来，互联网对民主——尤其是公民的角色——的改变达到了什么程度？有哪些是他们过去做不到，而现在能做到的事情？

在任何一个称得上民主的社会里，在沟通方面必须具备让公民做到以下六点的条件。第一是经验的传播。共同的文化是分享经验的产物，其中既包括国家和全世界的重要事件，也包括社交互动的日常点滴。对共同经验进行汇总的条件和基调决定了民主行动的范围。个体未经分享的想法或感受会随着个体的焦虑而消散。若要实现民主，必须有一定程度的共同社会认知，即对自我的生活与他人生活无数的关联方式的认知。

第二，民主政治即使在公民没有密切关注的情况下也能运行得很好，并且民主政体下的公民对一些社会问题即使不都十分精通，他们照样可以生活得很好。但人们还是需要能够收集可靠信息，以便了解他们的社会面临的主要挑战是什么，就此有哪些对立的观点，以及他们作为选民具有哪些选择。在现实中，大部分人收集信息的目的不止于前述，还包括解决自身面临的社会问题，为自己的价值观和主张寻求支持，以及使自己具备与别人沟通交流的基础。民主要想取得成效，必须有多元的信息渠道，这样人们才能以自己的方式感知世界。

第三，民主取决于话语习惯和话语机制的存在。人们需要知道"进行论证""斟酌证据""协商妥协"或"同意保留不同意见"各自的含义。若要民主有意义，就必须存在一套被接受的表达公共分歧的语言。如果没有共同思考与讨论的机会，公众就容易被宣称代表自己的人蒙蔽和摆布。

第四，人们必须能在促进社会进步、消除社会不公以及减少最容易受到人为控制的情形方面采取共同行动。为此，人们必须能够联系到彼此并团结起来。因为社会协调是任何民主行动的重要前提条件，所以能够使用传播资源是一项不可或缺的民主权利。

第五，人们需要对权力的中心（无论是政治的、经济的还是民事的）将对公众要求有所回应这一点保持信心。政策、规则和范例都不应该是背着民众制定的。如果政策仅仅由选出来的代表来制定，仿佛被代表的民众没有自己的思想，或者没有表达自己思想的能力,这不仅是在道德上不尊重民众,而且意味着权力部门没有为政策制定和决策形成提供有意义的交流机会。

第六,政策实施之后,人们必须有机会对其进行审查和评价。这一点对那些最可能受到政策影响的人群来说尤其重要。民主的可持续性取决于充满活力的公众评价模式的存在,以便人们监督民主成果,并且衡量相关事项的重要程度并对随后的政策程序进行调整。这要求权威机构采取相应的技术手段保证自己能够负责并且具备透明性,防止机构的隐秘性可能产生的腐败。

在这个"充满动荡"的过渡时期,公民应对这些沟通方面挑战的能力有多强呢?互联网的出现为公民行使民主权力带来了便利还是增加了难度呢?这方面是否有具体例子佐证呢?

经验的传播

因为人的生活各不相同,人们会向别人讲述自己和自己的经验。这里的讲述不仅是一种消遣,而且是为获得认同这一实际需求的表达。当人们讲述自己生活中发生过的事情时,也是在展现自我,同时也是在试图影响别人对自己的看法,并学习用别人看待自己的方式反观自我。这种自反性是现代性的典型特征：人们想要以自己的方式来展现自我，而不是由别人来界定自己。在所谓的注意力经济中，人们为了提高自己在文化和政治方面的知名度，对注意力的争夺从来没有停止过。[1] 在这种情况下，引人瞩目是社会力量的一种表现形式，注意力产生了价值。对于寻求公众认可和支持的政治精英如此，对于任何宣扬自我的人来说也是如此。

在广播占主导的时代，公共报道的撰写由少数媒体组织掌握，而且往往受制于悖离民主准则的商业和意识形态。毫无疑问，随着社交网站的出现，比如脸书（Facebook）、油管（YouTube）和推特（Twitter），新的报道环境已经形成。从数据来看，这种新媒体的发展速度惊人：脸书拥有 16.5 亿用户，每天还有 50 万新人加入，相当于每秒钟 6 个人；在油管上每分钟有 300 小时的视频内容上传，每月被观看的视频长达 32.5 亿小时；推特拥有 3.2 亿活跃用户，每天有 50 万条推文发送，相当于每秒发送 6000 条。这么多用户都在干什么？他们在网上的活动和加强民主之间可能有什么样的关联呢？

从微观的层面来看，用户可以在网上进行社交，事实证明在网上更容易互相联络。[2] 例如来自美国的研究显示，在美国，脸书用户在现实社交生活中处于孤立的比例是非脸书用户的一半，而且脸书用户更加信任他人、参与政治事务的可能性也更强。[3] 使用大型个人在线网络的人参与正式和非正式政治活动的可能性更大。[4] 比在线网络的规模更重要的是其带来的多样性，也就是说用户可以通过在线网络接触到各种经历和想法。社交网络包含着形形色色的人，人们接触社交网络越多，对新的政治观点的接受程度越高。[5]

从宏观的层面来看，信息在网上的传播有助于抵制官方和某些企业对公共议程的操纵。在前数字时代，大规模的新闻炮制和传播在媒体报道领域居于主导。权威的政治信息产生于集中的单一来源，新闻赋予其客观性，以便被人们接受。现在，广播和报纸杂志依然是权威新闻的来源，尽管这种新闻越来越通过数字平台形式出现。尽管目前没有很多证据来证明我们正生活在一个后广播时代，但有一点是确定的，那就是公共信息的传播已不再处于传统新闻业编辑的掌控之下。"新闻"概念在发生转变，对政治精英而言，他们的媒体保护罩像肥皂泡一样脆弱，越来越需要对网上传播的对其不利的新闻和信息进行迅速反应。网络事件引发更广泛的政治讨论主要有两种方式。第一种是博客、脸书或推特上的事件或辩论引发了大众媒体的兴趣。如果当事人对事件意义的阐发能得到主流新闻媒体的理解和回应，这种溢出效应是最容易发生的。[6] 第二种方式就不那么明显了。当人们通过谷歌等搜索引擎查找政治信息时,同时也在生成他们关注什么样的事件这一重要信息。当某一事件在谷歌上被大量搜索时,就有可能引发政治人士和大众传媒的关注,这里所说的关注不仅包括令人们感兴趣的对象本身,而且也包括人们在搜索时表述问题的方式。互联网直观地展现着各种政治看法,为公共领域绘制了一幅非正式的粗略图景——或者更准确地说,一幅囊括了相互交织的不同公共领域的图景。[7] 政府正越来越多地将互联网作为监控公共政策和服务接受状况的手段。[8]

收集信息

政治信息具有公共性,人人都可以获取。但是单纯能够获得信息本身并没有很大意义,除非获得者能够理解信息的意义。把一个不识字的人关在图书馆里,了解书中的内容对他来说是一个挑战,因为他读不懂那浩如烟海的数据。人们不是在单纯地搜索数据,同时也在搜寻意义。人们对互联网所提供的大量电子信息的一个诟病是它超过了人类的筛分能力,而且没有提供能帮助人们理解信息并将其转化为知识的工具。让公民能够将深奥的信息转化为有用的知识,是民主面临的严峻挑战。

传统的大众传媒在某些方面对意义的获取有所贡献,但其中一些傲慢和不负责任的"新闻"机构存在着提供错误信息、歪曲事实和宣传方式老套的缺陷,并招致了批评。[9]在大部分稳固的民主国家,传统的大众传媒仍然是信息的主要来源并且影响面也最广,但是现在人们希望互联网能提供另外一个政治信息收集渠道。鉴于信息在网上传播的速度快并且范围广,人们进行筛选、判断和消化的信息数量之大前所未有,此外人们还要对一些互相矛盾的叙述和不同的解释进行比对验证。人们在访问脸书、推特等媒体网络时,比在现实生活中有更大的可能性与别人进行政治讨论。

因为互联网使公民"在进行思考时接触到不同的视角和机会,以及各种民间资源和机会"[10],它提供了一条独立的、不同于前互联网时代的政治社会化路径。这是一个非常重要的发现,因为它表明人们在网上搜索政治信息时有可能发现交叉的政治观点,从而使他们有可能改变他们最初的政治立场而不像在其他信息搜索行为中那样只选择有助于支持自己现有观点的信息来源。[11]当然了,我们对这个发现不能过于乐观,因为它是基于对使用社交网络的少数群体信息搜索行为的研究。对于其他不经常上网的人来说,情况在很大程度上与之前一样:网络反而使群体观点的两极分化加强了。[12]

民主讨论

政治因为利益、个人倾向和价值观的不同而产生，而调解过程往往是棘手的。在议会和市民大会上，在酒吧里和餐桌上，人们都在通过正式和非正式的方式进行思想交流。由于互联网无处不在的特性，上述交流的一部分在互联网上进行是毫不奇怪的。一些评论人士抵触网上关于政治的言论，认为那是喋喋不休的空话。其他人认为网上交流在某些方面能够提高公共讨论的质量，并且冲淡报纸上大标题式的陈述给人的无礼感受。比如在非同步讨论空间里，人们在回复之前有时间进行思考，还可以通过网络链接获取背景信息。此外，网上还有鼓励人们相互沟通的平台，这里进行的民主讨论会更加充分。

关于在线政治讨论的研究中有两个相反的发现。第一个发现是，如果网上为政治讨论服务的空间是精心设计的（往往是作为实验项目），参与者往往会表现出较之线下讨论更符合民主规范的行为。研究显示，线上的讨论者对更多的观点和证据的接纳性更高，更有可能改变自己的观点立场，并且更有可能在讨论结束后几个月内仍保留自己经过思考形成的观点。[13]

(然而在党派程度很高的情况下,在线讨论的质量出现急剧下降,并呈现出与线下有倾向的讨论空间相同的特征。[14])

第二个发现是,网上的政治讨论很少能够被有效地纳入政策制定和决策形成的过程中。直白地说,大部分发言者在网上都是自说自话。即便在线讨论就一个个孤立的论证如何相互联系提供了有洞见的视角、有价值(通常在个别层面上)的证据以及连贯的论述,政治决策者在借鉴时也从来都只是做个样子。尽管政府机构对在线商议的开展投入了巨大的资源,却很少采纳有组织的公共商议的意见,甚至连类似于社交媒体中无处不在的对等谈话都没有。因此,开展得好的在线讨论往往不会产生显著的政治影响(导致一些爱思考的公民质疑其价值),而政府推崇的线上公共讨论很少鼓励公民之间开展对话,更不要说民主理论家所认可的商议了。

除了与机构相关的政治外,强有力的证据表明,即便在更加随意和非正式的、与任何商议机构无关的在线讨论上,参与者的行为接近商议规范的程度往往比设想的要高。[15]这种政治讨论有什么意义呢?第一,它把所谓的日常的、与政治无关的话题(比如音乐、足球、肥皂剧、个体价值观)和关于社会权力的分配与实施的种种观点这二者之间连接起来。[16]它让人们认识到,政治存在于他们本来认为的纯私人的谈话之中。第二,它让人们通过与他人交谈来影响公众舆论。有证据表明,人们处于横向(对等)的关系中比处于纵向(公民－政府)的关系中会更容易接受他人的观点。[17] 第三,即便政治讨论仅限于讨论本身,并且没有其他目的,也会带来认知上的裨益,尤其是在具有多孔状性质的在线网络中,人们会接触他们不曾想到的观点和经验。

集体行动

正如本书第一章所言,有明显的证据表明互联网已经消除了集体行动在协调方面许多一直以来非常棘手的障碍。一些学者们所称的"连线行动"降低了抗议活动的成本,同时也改变着非正式政治表达的形态。在这方面,一些资源匮乏的群体已经获得了切实的好处。尽管根深蒂固的结构性不平等导致集体组织协调具有阶层化的特征,但是越来越多的证据表明社交媒体网络为集体身份的形成和非正式行动主义(informal activism)的发展提供了空间。[18] 然而,对在线政治网络的认可多集中于民主力量的动员,而不是将这种动员能量转化为政策成果。

自19世纪以来,政党一直是公众诉求和政府行为之间的连接纽带。大体而言,政党对数字媒体生态的回应颇为迟缓,他们所做的,要么是像摆脱捣乱的害虫一样想要摆脱互联网,要么把自己一直采用的自上而下的信息传递方式照搬到网上。政党在成员数量和公共关系方面出现急剧衰落的情况已有年头,然而它们在代议制民主中仍发挥着重要作用,这表现在:收集人们的关注点和倾向并集中表述出来;简化可供选择的政策方案,降低政治的复杂程度;充当公民和选举产生的代表之间不间断的纽带。松散而不易持久的社会动员不具备上述作用,首先因为其动员优势正是部分源于其缺乏明确的、具有约束力的目标,其次是因为非正式联盟的特点令其很难建立或维系持久的民主结构。[19]我们在20世纪所了解的政党现在很可能已经过时了,但它们不太可能被松散动员的网络真正取代,因为后者不能在公众需求和代表的回应之间发挥长久的协调作用。

一些赞同互联网加强民主的观点的人已致力于将维基百科模式作为施政的一种方式。例如奥巴马政府的一名前任顾问曾表示:"协作式民主想要建立的是一种维基百科式的、国际化的对等协作生产和全员共同努力模式。在维基百科中,人们自愿以集体协作的方式撰写百科词条。与汇集个体倾向的众包活动(比如预测市场)不同,协作意味着更多样和有效的、能够让人们承担不同角色的协调结构。"[20] 在网络化治理中分工方面,所谓的维基式治理也许是可行的,但在这种机制下如何解决政治分歧还没有清楚的答案。维基百科的协作式编辑的关键在于能否准确区分可信的和没有依据的观点。与之相比,政治领域中的真实更加难以界定,而且因为涉及利益冲突,想要达成共识是一种片面的想法。寻找一种能将网络化协调的力量与表达彼此冲突的利益这二者结合起来的机制并不容易,而且以后也会如此,除非技术专家治国论的倡导者能够认同这一点:政治冲突没有唯一"正确"的结论,只是对立的利益方通过论战一决高下。

商议与公共输入

民主代表们发挥作用取决于其采取的行动与被代表的民众的意愿之间是否有明确的关系。1774年,当埃德蒙·伯克在其著名的《对布里斯托尔选民的演说》中提出,代表不仅要服从选民命令,"代表与委托人之间应当形成最密切的结合、最紧密的联系和最坦诚的沟通,这应当成为代表的快乐和荣耀。代表应当高度重视委托人的意愿,尊重其看法,并不懈地为其服务"。然而人们往往忘记了他的后半句话。简而言之,即使在民主中全面实施选举代议制而不是直接的公民投票，公民和代表之间的关系仍取决于二者之间的互相尊重和持续沟通，否则代表的主张很容易沦为人为操纵的手段，从而损害代议机构的正当性。（当今政治代议制中很多方面已发生了这样的情况。）

互联网让代议机构与公民之间产生持续的交流，这为增强代议机构的存在合理性提供了机会。政治代表无需依赖每隔几年进行一次的投票选举，他们可以邀请公众就政策的制定提供自己的想法。这是政党为了扭转自身衰落颓势而做出的一种务实的改变。这一改变在客观上使民主具有更多商议性质。如果政党无法再收集和表达公众愿望，政府直接与团体或个人进行商议则是一种协调公众和代表之间关系的新方式。为了在网上收集公众的想法并请公众提供借鉴经验，政府和立法机构已采取了许多新的措施——虽然如同我们在第一章所指出的那样，它们过于谨小慎微，更倾向于把公民当作热情的旁观者，而不是积极的对话者。

20世纪90年代下半期以来，出现过一些在互联网上就政策征集意见的尝试。英国国会就有在线商议的做法，曾邀请人们在线上就一些议题发表自己的观点并提供可借鉴的经验，这些议题包括家庭暴力、北爱尔兰的仇恨犯罪、防汛、胚胎研究以及女性在科学中的角色。[21] 但是这些尝试未能持久，也没有形成制度，只是传统政治决策的数字化补充，而传统政治决策是难以将这些网上征集的意见纳入政策决策的。政府还采取了电子请愿技术来让人们签名同意集体请求或要求，但这方面希望也不是很大。关于英国政府的电子请愿网站，斯科特·怀特做了如下目前为止最为细致的评价，称：

> 深思熟虑后做出判断，在这一点上，唐宁街的电子请愿并没有达到很高的水准。大部分请愿人所提供的能够支持其请愿的信息是有限的，而且没有能够进行辩论或反请愿的正式空间……尽管有少量案例表明电子请愿能够影响政策，但绝大部分电子请愿都销声匿迹了，这一点在请愿发起人的看法中可见一斑。[22]

审查

即使目前为止所介绍的沟通方面的挑战都遭遇了挫败，民主制度下的公民还有一个机会：迫使掌权者承担责任的权力。政府有可能未能很好地听取公民的意见，在没有掌握充分信息的基础上做出决策，也有可能实施看上去并不公平和合理的政策，但在触犯公民时往往难逃众怒。根据政治理论家皮埃尔·罗桑瓦隆的观点，互联网最重要的政治功能不在于其在制定政策的过程中对参与和商议方面的促进，而在于"对公权力行为的警惕、谴责和评判。"确实，互联网"不仅仅是一种'工具'"，它就是"监督功能"。[23] 在制度的层面上，互联网让私下操作、隐瞒不利信息、掩盖失败的项目和向不同的受众传达不同的信息这些做法的难度比以前更大了。互联网改变了政治透明度，即便不是像一些人激动地宣称的那样对政治透明度进行了彻底的民主化改造，至少减少了一些障碍。具体到某个人而言，互联网让政治人物维护政治形象的难度变得更大了，政治舞台的前台和后台之间的区别不再明晰，来自工党的英国首相戈登·布朗就在这方面尝到了教训。在 2010 年英国大选的前几天，戈登·布朗表现出在与一位选民进行亲切交谈的样子，但是后来他"私下里"称该选民很固执并对此表示恼火，他的声音从麦克风里传出来并转播出去，佐证了他的"真实"想法。

网络透明包括有意披露（一度被认为是保密或者至少是非公开的数据）和无意泄露。在第二种情况下，政府因泄露其本打算对公众隐瞒的信息而被抓住把柄，这种泄露通常是数据黑客主动造成的。这造成了政治上一种奇特的紧张局面，一方面，倾向自由的政府宣扬其数据公开主张，并强调让人民接触政府数据并对其有所贡献，认为这样做既具有文化价值，也具有经济价值；而另一方面，同样是这些政府，对私密和灵活的后台操作由来已久的执念使其沉迷于数据保护主义。英国的一个名为"我的社会"（MySociety）的社会组织便是一个典型的例子。一小部分掌握了技术的民主主义者在网上激发不满，但他们的目的是为了迫使政府承认和执行公共审查，他们的做法具有积极意义。他们设计了一系列新颖的工具，比如，公民能够通过"给他们写信"（WriteToThem）栏目与其同属一个党派的议员直接联系，并监督其回应程度，通过"他们知道什么"（WhatDoTheyKnow）栏目处理信息请求自由方面的事宜，以及通过"修理我的街道"（FixMyStreet）栏目向当地主管部门反映需要维修的事宜。"我的社会"在确保公开数据为民主所用这方面做出了很大的努力。

与此同时，互联网也在整体上确立了审查形式，比如"维基解密"令政府在其最为敏感的外交核心方面感受到自身的脆弱性。一根存有近40万份文件的记忆棒流传到了公共领域。为了揭开这些数据的意义，两名英国记者对其进行了研究，认为"维基解密"标志着"冷战时期意义上的旧式保密的终结"。[24] 接下来斯诺登的揭秘进一步说明了政府面对数字审查时的无能为力。

所有这一切又回到了民主制度下公民所面临的第一个沟通挑战：让别人知道自己是谁，以及为什么自己的经历是重要的。为了用责任约束政府而进行的种种努力也是上述目标的体现。民主的最终目的都是让事情显露出来；这里指的不仅是事件和过程，还包括关系、态度和想法。在过去二十年间，社会透明度方面的一种新尝试兴起，互联网成为其中的一部分。在过去，传播方面的特权让权威机构显得强势和执拗，然而互联网的出现让权威机构再难做到这一点。然而转变也不是完美的解决之道。我们仿佛被卡住了，情况是民主既不能很好地维持现状，又没有向任何一个明显更先进的方向发展。在这种真空状态下，不良的态势正在酝酿。

第四章 民粹主义还是民主？

政治民主正处于大麻烦中。面临后真相政治，它缺乏令人信服的道德权威，并且不断地受到民粹主义幻想的威胁。从特朗普关于建造高墙来阻挡外国人的诺言，到英国在脱欧时做出的一方面消除全球化影响、另一方面继续成为全球市场一分子的承诺；从虔诚的原教旨主义者为摆脱复杂的现代社会而向中世纪教条的乞灵，到小报媒体寻找替罪羊式宣传的恶果，这一切都是民粹主义者们在迎合社会中受挫者内心深处的种种幻想。

民粹主义是对民主的一种曲解，它产生的基础是公众通常认为精英是堕落的这一不实假定。在民粹主义者看来，事实简单明了、显而易见，在这种情况下，谁还需要证据或专门知识呢？当被质疑方明显不正常或腐败时，孰是孰非还需要专门论证吗？当只要有顺口顺耳的口号就够了的时候，谁还需要精心构思的论证呢？民粹主义领袖将大众的顺从视为知情同意，视民主机构为可以随意丢弃的无用之物。民粹主义披上公众意志的外衣,将公众变成随意操纵的木偶,借助公众的幌子来发布煽动言论。

一方面是主流政治家不被信任,另一方面是民粹主义领袖被给予了过多的信任,因为他们代表着公众的幻想,回应公众的失望、愤怒和迎合公众寻求事情快速解决的逻辑,所以大受其欢迎。民粹主义的养料来自受到挫败的民主能力和浮夸的政治野心二者形成的毒液。民粹主义的领袖蛊惑人心,令其追随者用欲望掩盖自身的无能。在二十一世纪初期,民粹主义在世界范围内盛行,但是不久就让那些对其寄以厚望的人们感到懊恼。

如果要在这片政治泥淖中找到出路,就应该以一个全新的视角来看待公众,而不应当将公众仅仅理解为顺从的政治消费者。

公众拥有民主机构并不意味着他们一心想涉入政治。大多数人想要的是平静的生活。他们想要关注影响自身的政治决定,而不想每天花好几个小时来解读经济数据、智库的报告或立法草案。他们明白做出好的决策是费力之事,需要进行权衡甚至道德方面的妥协。只有极少数人熟谙政治且热情不减。另外一部分极少数人,不仅几乎不关心政治,甚至有时对整个社会都不感兴趣。大多数人——包括本书作者——都在努力工作谋生与了解和关注自身所处的社会（包括全球层面和当地层面）这二者之间徘徊。若不想让我们对与民主斡旋的新方式的构想最终成为徒劳的幻想，就需要在崇高的理想主义和现实之间务实地进行一些平衡。除了既涉足政治又精通技术的人士，其他大部分人一方面对政治民主的缺陷感到失望，另一方面相信有更好的方案，他们感受着理想和现实的不符，他们的需求也要得到满足。

新的政治现实往往不是随着庄重的宣言而出现的，而是随着谈论世界的方式出现变化而出现的。我们可以不将互联网看作汇集各种智慧的技术手段或充满大量孤立信息的大杂烩，而将其视为公众表达观点的一个新空间、一个充满了不同声音的舞台，在这里关于文化地位或沟通能力的评价方面不存在任何一个单一的标准。尽管政府在法律上一直在对互联网进行约束，而一些团体也在竭力让互联网为己所用，但互联网作为一种新兴的自我表达方式，仍具有巨大的潜能。

将这种潜能变为现实取决于能否探索出让公民以民主行动者的角色行事的可行方式。在涉及全球的网络空间内，人们可以"潜水"、浏览、搜索、筛选信息、相互连接或者共同发声呼吁，于是问题出现了：如果作为个体的公民要在民主中发挥作用，那么公民怎样才能具备这方面的能力？如果互联网要促进民主发展，这将取决于其能在何种程度上扩展公民自我感觉到的能够表达自我观点的范围。

本书第三章探讨了互联网在让公民在当下的政治传播体系中以新的或更有效的方式行动方面的进展。但是加强民主需要的可能不仅是把以互联网为代表的数字技术变成过时的民主政治体系的点缀。这需要我们重新思考新的传播方式下的民主实践，并且重新思考与迄今为止尚未实现的民主规范相适应的传播方式和手段。本章所述的观点是通过关注利用和依靠数字媒体技术增强民主机构的方式，来回应这一辩证逻辑的。

这引发了关于民主能力方面的思考，尤其是公民需要什么样的能力来成为自主、广识、善思和高效的社会行动者。温斯顿·丘吉尔曾说过"对民主最好的'反驳'是同一个中等水平的选民谈五分钟的话"，这一讽言乍看似乎有道理，但是它在更深的层面上让人思考，当选民像这样被漫不经心地、"轻蔑地"描述时，当政者和选民之间存在的，可能是怎样的一种关系呢？以下总结了民主能力建设的四个领域，但这样做的目的并不是为了绘制一幅最终蓝图。它们不涉及维持文化优势和限制政治效力的根深蒂固的社会经济结构，否则需要的是一个更宏大的蓝图，以便能同时促进公共传播民主化与社会公正化。

本章所述的内容也不涉及那些远远没有民主化的地区的人民所需要的更为广泛的公民能力。若他人认为本部分内容有用处,当然可以对以下涉及的四个方面的民主能力清单进行扩充和完善。以下建议是针对现今世界上在大部分国家具有严重缺陷的政治民主制度下,公民为了能够自由地以自信而有效的方式行动需要具备什么样的民主能力而提出的。

能力1:了解政治世界

公民必须了解自我,并且让他人了解自己,还要了解自己的处境和周围发生的事情。政治领域的图景并不是透明的,这使得人们非常不想去了解它。英国就是否继续留在欧盟进行了全民公投,关于这一事件有很多报道和评论,人们的总体感觉是支持与反对脱欧的双方是带着怒火进行辩论的,并且所提出的众多过激主张令许多投票人摸不着头脑。根据后真相政治时代的公正规则,公共传播机构对任何公共辩论的双方,无论其主张是否有理性基础,都为其提供相同的报道时间并给予同等的尊重。在这一公正规则的保护下,竞选者可以随意提出缺乏经验支持的主张。英国人很少抱怨没人告诉他们应该怎样投票,但是大部分人在面对大量各种信息时会感到无所适从。当人们不仅无法确定哪种对真相的报道更具可信性，而且相信所有获得真相的方法都是同样有效时，对社会不公做出具有普遍适用意义的标准回应的可能性就会受到严重的影响。如果缺乏共同的政治目标，民主政治就会沦为一种解决文化碎片化问题和沟通方面问题的工具。

社会事件被以极快的速度报道，新闻解说员无暇为公众分析解释。新闻以全天候的节奏不断更新，一方面保证了记者进行及时报道，另一方面也导致他们无暇思索，不能挖掘事件的真正意义。不断产生的大量新闻和信息所带来的政治节奏与日常生活不符，尤其是不符合人的反省思考这一独特特点。它们是轻率的、具有误导性并让观众产生心理上的不安。大众传媒迎合的是一维民主，在一维民主中，扣人心弦的投票活动是永远的素材源泉，而无暇留出时间和空间让辩论和得出结论的过程慢下来、变得更温和，以及融入更多思考。[1]

社会理论学家关注政治面临的时间方面的挑战，表示担心"随着网络化的、几乎以光速运行的电子信息技术的发展，时效控制的前提条件已荡然无存。"据说现在已经能在全球范围即时传送信息，这是以"数百年来在控制所不能控制和预测所不能预测的方面做出的努力为代价"[2]实现的。关于政治和速度方面的最佳文献中，大部分都着眼于治理方面的种种问题，即政治决策制定和文化节奏之间的非同步性所导致的结构性问题。比如在紧急关头,数字传播的速度有可能让政府掌握事态发展情况,但也有可能令政府匆忙做出缺乏深思熟虑的决定并造成影响长远发展的不良影响。

对丧失时间把控感到焦虑的,决不只有处于精英阶层的决策制定者。数字政治激进主义的拥护者主要是具有创造力和灵活性的技术达人。这些技术达人主要是年轻人,大多出身于中产阶级,对快节奏的文化充满信心,他们使用推特,也跟随推特潮流。对他们而言,网络 2.0 不仅是技术飞跃,也塑造了沟通身份。他们在网上分享文件、输入内容并在不同的数字平台间随意转换。然而他们终究是少数群体,不仅就全国人口比例而言如此,就互联网的使用者而言也是如此。尽管他们对时刻与他人保持联系并不感到有压力,但大多数互联网使用者对此并不感到乐观,他们认为在一个技术饱和环境中,信息过载与泛滥会给人带来压力,并有可能导致信息失控。对大多数人而言,数字世界像不离左右的饶舌推销员,他们无所不知、无所不言,但是所说的话几乎没有意义。

对时间充裕的人来说,互联网为他们提供了前所未有的丰富信息供他们检索和消化,但对于多数人来说,数据过载往往令他们感到困惑。信息不断袭来,世界的速度变得太快,他们担心自己来不及跟上这一切。信息过载问题是指人们对于互联网提供的媒体报道内容无法投入足够的注意力。这不仅是一个关乎数量的"材料"和情境太多的问题,而且体现了文化的质变,它迫使人们不断地对信息进行过滤以获取真正和自己有关的内容,花更多时间判断信息的价值和可信性(而判断也并不是确定无误的),并且面对大量数据更快地做出决定。这些压力引发了人们的焦虑,并且加剧了少数技术达人和其他人之间的分化。

互联网对民主的一个贡献可能是放慢报道的节奏,让人们有时间来思考事件的含义,归纳出自己的观点并听取他人的想法。这乍听上去也许不合常理。以买房子为例,很少有人会在听完一个想卖房子的人滔滔不绝的花言巧语后就采取行动。他们会慢慢地四处查看,把这座房子同其他房子进行比较,还要听取朋友和专家的意见。那么回想一下在竞选活动中,选民是怎样被催着投票选举政府的。政治家们的话语速度快得让人来不及冷静思考,像一堆符号的轰炸而不是理性的诉求。投票活动像乱哄哄地走过场,人们有时候需要上网来确认它究竟有哪些内容。这些查证、比较、权衡和仔细分析的需要可以在互联网上得到更好地满足。通过对数字资源方面的安排来有效放慢民主节奏,让政治狂热爱好者和技术达人之外的大多数人在面对政治信息时能够运用自己的思考，这样民主才能在更大层面上被人们所理解和驾驭。

放慢民主节奏的想法符合双重思维方面最新的理论研究成果。根据丹尼尔·卡尼曼等行为经济学家的观点，人们习惯采用两种思考模式：侧重直觉、不需要付出很多努力的快思考，以及侧重思索、在认知角度要求更高的慢思考。[3]我们并不是要用慢思考来取代快思考，因为在许多情况下人们在已知信息的启发下就能做出有效的判断，非常简单。比如穿过车多的马路或决定看哪个电视频道并不太可能通过慢思考得到强化；在这种情况下按照直觉行事就可以了。然而在别的情形下，比如花大价钱买一样东西或对复杂的选项进行比较，慢思考就显出其巨大优势了。当人们面临的是就与现实大相径庭的陈述做出政治判断时，就会从慢思考中获得很大益处。人们感到民主政治的节奏太快了，它表现在政客为了回避问题采用过快的语速；过量的数据、模棱两可的陈述（有时这种陈述是专家做出的），以及不是总值得信任的新闻解读上。在这种情况下，有一个类似暂停键的装置是非常必要的，这样人们就能有时间做准备，提出直指要害的问题，以及对有意义的答案进行比较。

关于互联网如何减慢民主节奏，这里有两个例子供读者思考。一个是"他们为你工作"（TheyWorkForYou.com）网站。

它能够提供大量信息，包括就英国选民代表的投票情况，英格兰议会、苏格兰议会及北爱尔兰议会的开销情况以及议会中的演讲情况。每月有20万到30万人访问该网站。网站提供书面的议会公报文件，用户可以做评注。用户还可以定制关于新近出现的议员的新闻推送，以及收到包含某些关键词的任何资料的提醒邮件。他们还可通过文字搜索获得众议院的特定辩论影像资料，也可以获得相应的带有时间印记的文本。这个网站是一个相当成功的民主工具，五分之一的用户在访问它之前一年内根本没有参与过政治，也不是任何政治团体的成员。由于"他们为你工作"这个网站由非营利机构"我的社会"（MySociety）运营，该机构所能利用的资金比起正式议会和政府网站所能利用的资金是微不足道的，那么不难想象，如果有适当的民主方面的资金支持，该网站数字监测的覆盖面会有多大，提供的信息会有多详细。这个工具的意义在于它能够让公民充分了解自己是怎样被代表的。他们不用去费力搜索并了解议会公报，就能够提出和自己相关的有针对性的问题。这个网站不一定是快节奏新闻播报的对立产物，而是对它的一种个性化补充。

另一个有关放慢政治节奏的项目是由利兹大学和开放大学的研究者提出的。他们致力于寻求一种方式，能够让选民在自己的时间里观看电视播放的竞选辩论并理解其含义。[4] 2015年，英国的独立电视台播出了一场由七名政党领袖参加的时长两个小时的竞选辩论。在辩论的最后几分钟，问卷调查公司基于其收集的观众快速回答问卷结果宣布了"谁是赢家"。甚至在此之前，推特的分析师已经在实时公布选民的回应情况。一切都是为即时反馈做准备的。与此相反，利兹/开放大学的研究小组设计了能让选民再次观看辩论的平台，选民能够有针对性地观看所有辩论或辩论的任何部分并寻找一系列相关问题的答案，比如辩论方提出的观点的出处和准确性、他们的各种表述策略、其论证的内在逻辑性以及与对方论证的相关性，现场观众对其观点和表现的反应等等。对电视直播辩论的实时反映也许并非就辩论结果得出最终结论的最佳途径，这个观点正是此项目的设计依据。放慢政治议程的节奏不仅能让公民思考所得到的信息，而且还能促使他们思考理解复杂的问题需要哪些能力。

能力2：对观点的碰撞持接纳态度

政治领域有两种人尤为多见：一种人极其固执己见，他们不会考虑改变自己的看法；另一种人不太擅长坚持自己观点或拿定主意。第一种人不符合民主对于其公民的要求，因为他们的价值观和倾向太僵化了；第二种人同样是有问题的，他们过于依赖领袖者告诉他们要做什么，否则便拒绝参与。公共商议的目的是让这两类人（以及有自己的观点但也会接纳其他观点的多数人）参与到公共讨论中，为获得经过更多锤炼的观点创造可能性。关于信息量大、涵盖面广、参与方彼此尊敬的辩论是否能以及如何改变参与辩论者这一问题，已经进行过很多实验。其中最令人振奋的发现可能就是，人们与各种陌生人在一起比同与自己相似的人在一起时思维可能更灵活而易于改变。简而言之，社会的差异性能够提高公共商议的质量。

  作为公共网络，互联网从一开始便被视为一个有可能进行公共商议的空间。与本书第二章中阿特顿在评论前互联网时代的远程民主实验时提出的观点相似，理论家和实践者认为，若干大的社会群体在精心构建的在线环境中就公共事项展开讨论能够提高民主话语的质量。如同上一章所说，有大量的证据表明，在理想的适合商议的环境中，鼓励具有代表性的群体（这样的群体通常被称为"小型公众"）思考复杂的政治问题，他们往往会得出合乎惯常的民主要求的结果。然而由小型公众参加的实验性质的项目只不过是一种实验室民主。这种商议是否能够成为我们的政治中更具有普遍性的特点？

为了实现上述目的,也许需要放弃民主商议中那些更苛刻的惯常要求,并且寻找将商议的特点纳入宏观社会话语链条的更为有效的方法。不久之前,研究公共商议的理论家和实践者将注意力转向了商议体系或商议生态这一概念,意指各个机构、媒体和民间领域所采用的互相关联但并非协调有序的、促进反思性的正式和非正式民主谈话的方式。[5] 贯穿于商议体系——包括广播公司、媒体、网上空间、大学、学校、社区论坛及议会——的共同纽带可能是引导人们就公共事宜采取商议姿态。这种认识民主商议的方式有几个好处。首先是它承认民主过程的复杂性。政治民主决策很少是在一定时间内、参与者的理解和思考能力都很强的情形下做出的,小型公众商议便是这方面的一个典型情形。一个话语文化体系有非常审慎的方面(比如英国议会中的特别委员会),也有比较轻率的部分(比如小报的社论)。通过全面地对商议进行评估,我们可以平衡优劣并考虑其效果。第二,这种认识民主商议的方式能避免非此即彼的评价。商议体系中的某些元素也许不能满足商议的许多标准化的前提条件,但仍然能够提供有助于民主能力建设的各种资源和机会。(例如一档电视真人秀节目,节目制作者认为它与政治或严肃题材都没有任何关系,然而它也可能偶尔引发重要的网上辩论,比如关于种族主义、变性经历或反对强权的常用策略。[6]）第三，这种认识民主商议体系方法认为政治永远会产生分工，不赞同"大众"不善于思考、应该永远被排除在商议之外这一不民主的观念，并认为不同的政治环境必然在商议投入程度、技巧和结果方面造成差别。

要全面发展具有更多商议色彩的民主要求现有政治传播体系的彻底改变。对于选出的代表和政府机构而言，将意味着接纳一种擅于倾听和学习的文化，而目前他们在这方面是有所欠缺的。一名学者对政府所做的倾听民众（或"利益相关者"）的宣言进行了广泛的研究，称"现在社会中，各种组织机构——包括政府、公司和一些非政府和非营利机构——倾听得不够，这种情况令人担忧。"事实上他将此称为一场"倾听危机"。[7]对于大众传媒而言，要想做到善于倾听不仅要求他们不再操纵话语通道，不再对事件有选择性地进行分段报道，不再夸大其词或经常对公众发表高谈阔论等，而且需要一种更具有创造性的与观众互动的方式，这方面还有待发展。媒体不太愿意做出这些转变，但这并不意味着没有可能性。政治机构和媒体机构都感到维持现状非常困难；它们要么被民粹主义拉入困境，要么必须针对民主商议采取更为广泛和包容的规则和实践。在这一过程中，互联网不扮演核心角色是很难想象的。

这里有几种模式可供借鉴，包括在网上实施参与式预算、网上辩论（冰岛的经济崩溃引发的网上辩论最终导致冰岛修改了宪法，令人印象深刻）、建立一个网上空间——一个可信、汇集了普通公民能量的空间，公民可以在这里表达自己的想法和愿望，并向各个层次和中心（包括地区、国家或国际）的治理机构不断地提供反馈。[8]

网上商议空间方面已经出现了很多具体的应用，包括"不闲聊"（Unchat）和"协商社区网络"（Open DCN），它们都是用于小规模集体商议的即时讨论工具。"不闲聊"的特点是具有"减速带"效应，用户在加入讨论之前必须了解相关信息，此外还有文字记录，以便让后加入的人"跟上"前面的讨论内容。协商社区网络能够让参与者以多种形式上传自己背景资料，利用工具自带的模板提供个人数据或外部数据链接。参与者可以提供自己对论据的解读，而不受背景信息和商议活动之间人为的界限的束缚。关键是这些创新不需要独立操作；这不是线上或线下商议的问题，二者在一个商议体系内同时进行，根据各自的功能发挥相应作用。

建立上述任何一个模型，将是一个丰富民主话语内涵的大胆政治举措，还是在民粹主义思潮下避免下一场闹剧出现的仓促回应？只有时间能揭开分晓。目前很难想象政治民主如何避免民粹主义倾向带来的严重破坏，除非当局能开始认真思考目前民主商议方面的缺陷。

能力3：让他人认识到自己的价值

社会理论家阿克塞尔·霍耐特认为"社会关系的道德水准不能仅用物质产品的公平或公正分配来衡量；我们对公正的看法也与人们看待彼此的方式以及对彼此的认识有密切的关系。"[9]他的这一观点是正确的。互联网是否能够成为一个让重视和尊敬发挥作用的全球空间？在一个不愿意"信任"公众的民主制度中，打造让多元的自我表达转化为有效的政治代表主张的空间，是最重要的目标。

民主制度下的公民面对的难题有：我是谁，以及我想要别人怎样看待我自己？我们是谁，以及我如何融入这个没有明确目标的"我们"这一集合体中？在当代，公民觉得自己被贴上了"有偏见"的标签，并且被遗忘了。一直以来，经济阶层、文化地位、意识形态信仰、性别和种族身份等这些预先设定的标签都在把人们一一归类，比如"天然的工党选民""虔诚的保守派""英国人""苏格兰人""欧洲人""糊涂的自由党""年轻人"等等。这些过于简单化的标签并不符合人们对自我的认识,而且引发了新的自我表达方式,比如司空见惯的自拍和移动的数字化故事叙事,后者让平时很少能听到的声音进入公共话语范畴。[10]在这些表达方式的映衬下,关于"公众"的种种草率描述显露出其自身问题,而那些通过媒体框架被定义的群体则以更加细致的方式展现自我。例如油管上所展现的都市治安状况并不是尽职的执法者和不守法的无赖之间的交锋这样简单的描述,军事博客对一些人将战争一律描述为英雄爱国主义行为表示质疑,侨居的群体经常在网上表示自己被祖籍国和居住国视为异族。[11]随着这些信息的传播,对世界进行简单粗略的分类越来越难,在复杂的现实面前,带有教条主义色彩的确定性越来越不适用了。

近来在新兴的收集"大数据"热潮的驱使下,政府开始关注形形色色的公共陈述。政府在推特和其他社交网站上搜寻并"解读"公众情绪,还制作复杂的图表来展示政府的工作和政策是如何在网上被谈论的。有时政府会鼓励对自身有利的评价在网上进一步发酵。(商业领域很早以前就开始这样做了。)除了大数据理论学家有时候从认识论的角度指出这种做法的瑕疵之外,[12]这种了解公众的方法最主要的问题是它从本质上来说是带有监视色彩的;国家追踪人们网上行动的努力,大大超过了它与民主制度下的公民进行互动所做的努力。为了掌握何人关于何事发表了何种言论，政府能拿出复杂的社会关系网图，但它在为民众代言和与民众沟通这方面很少付出认真的努力。

人们本来期望政党能通过表达展示被代表民众的社会文化多样性，但是政党始终谎称支持它的民众是一个具有相同特征的整体，这只能让矛盾越来越突出。政党认为其成员的自我表达会违反纪律，而且是非常危险的。这就是人们往往认为主流党派在网上的存在与互联网传播的开放特征格格不入的原因。面临重塑和停滞不前这两个选择，大部分政党倾向于后者。

历史上，政权要在直接式民主（所有人就所有事投票）和代议制民主（每隔几年进行领导人选举，以代表人民）二者中选择自己的政体形式。当今政权稳固的民主国家都把代议制民主写进了宪法，但是这个术语已有几十年没有完善了。如今选区和政治中心之间已经有条件进行实时互动，但是疏离的关系仍普遍存在于政治民主体系中，这不太容易说得过去。在公民看来，这种距离表明政党对选民缺乏重视和尊重，而不是沟通方面存在难以解决的问题，公民的这种感受是可以理解的。当某些群体，如年轻人、残疾人和最贫困的群体在政治中完全被隐形，或者只能以"一维"的方式出现时，他们有权指出民主代议的承诺不适用于自己。

如果有精心设计的数字传播工具和强大的政治意愿做支撑，代议制可以就地方经验、不一致的价值观及公众选择重新展开持续对话。[13] 我们已经有机会给当选的代表、政府部门和其他权威机构发送邮件、短信或推特，只是所得到的反馈有用程度不同。除了在网上发布请求或消息这一简单的行为之外，当然还有着更为丰富的形式来让公众"认识自己的价值"。[14]

目前还没有让直接代表制发挥作用的机制，但是现在有一些可能性比较大的模式，其中包括：围绕世界社会论坛和占领运动不断发展的非正式决策网络，二十年前产生于明尼苏达州、随后传到其他国家的基层网络民主等。[15] 这些网络产物提出了一个重要问题：起源于十九世纪、以行政命令为中心，以议会或国会的党派之争以及代表与被代表方之间的交流鸿沟为特征的政治制度，能够在何种程度上适应新兴的分散式治理模式呢？

随着近年来"社会"和"政治"二者之间的界限日益模糊，互动式治理作为民主代表的一种有效的方式出现了。[16] 在互动式治理中，公民和社区能够直接参与到政策的形成过程中，并且让所制定的政策反映自己的需求，从而增强了政治统治的民主效果。然而如果仅在技术专家的术语层面来打造互动式治理（比如限制数据收集过程中公民的输入），互动式治理有可能成为表面文章，以及发展成为民粹主义。若要民主从互动式治理中获益，需要有公民和选出的代表都认可的表述政治观点和形成共识的空间。互联网因其使用面广——尤其是智能手机普及后更是如此——是上述空间的一个理想选择方案。在互联网上实施直接代表式民主，可以促使整个宪法体系发生改变，以便能够及时获取民众的意见和反馈。

向互动式治理转变，无论是线下还是线上，由于无法实现政府命令与同公众对话沟通间的一致，在文化方面都面临着巨大的挑战。扩大和深化政治参与面要求公民在面对复杂的政策和繁杂的制订政策的过程时保持一定的谦逊。将治理扩大到更为广泛的群体要求政治家和政府官员在与知识更丰富、自信心更强和要求更高的公民共享民主空间时也同样保持谦逊。相互认可和尊重不仅是民主政治的前提条件，也是政治的本质，它所引发的不断努力的过程是非常重要的。

能力 4：能够带来改观

民主机构是一种手段，而不是目的。这就是说，即便人们能够有效地代表自我、有效地被他人代表、有效地认识世界、能够为更好地进行商议交换意见和想法，他们仍将面临着对社会权力的组织和价值的分配进行改观的政治任务。对民粹主义者而言，改观是确定的、能够衡量的。民粹主义者自视为直觉常识的守护者，他们的目标是消除政治中的分歧和争论。带来有意义的民主方面的改观则复杂得多，因为它涉及一个建立在现实基础上的认识，即关于什么才是正确和真实的这一点本身是有争议的。民粹主义者引用了哲学家理查德·罗蒂所称的"终极词汇"：他们知道事物的意义，并认为与他们意见不同的人违背了道德的确定性。

对于民主制度中的公民而言，一个主要的挑战是维持多元性的存在、抵制不加区别的代表行为，以及坚持定义（以及重新定义）自我的权利。要以最大的谨慎来对待各种称谓，不仅包括涵盖面广的"人民""民众""观众"或"互联网用户"，而且也包括更具体的标签，比如"愤怒的白人工人阶级""信奉空想社会改良主义的自由主义者""忠实的信徒""少数族群"以及"美国同胞"等。只消花大概三十分钟时间了解各种群体和个人在网上如何展现自己，就能清楚地感受到人类经验是何等地千差万别、模棱两可和前后矛盾。确切地说，经验模式是可识别的，而且通常是由更深层次的结构性力量塑造而成的，而且人们并不把自身看作社会经济结构的"一维"产物。

展现社会的活力和多样性对政治具有重要的意义，它体现在两点上。首先，在我们生活的这个时代，在确立一个决策的正确性的过程中，普通人的声音越来越被忽视。也许在炙手可热的新自由主义者看来，最强有力的观点是经济合理性只有在大量的人保持静默的情况下才能显现出来。如果在社会里，除了极其富有并且享受着体制赋予的权力的群体以外，其他所有群体几乎都在抱怨自己的观点很少得到重视，让公民能够表达自己的观点对于民主而言就具有重大的价值。其次，人们抵制那些意图往往与民主背道而驰的人或机构对自己的定义和摆布是很重要的。有些发行量很大的报纸，还有一些不负责任的广播电视公司，把社会现实描述成卑鄙、扭曲和矛盾重重的。人们往往由于阶层、肤色、性别、性征、年龄和信仰被给予不公正的描述。纠正这些有毒害的描述是一项具有重大意义的民主行动。尽管有一些机构想要操纵互联网，互联网仍然提供了一个让事实得以厘清的空间。随着实体层面的公共空间不断缩减，曾经普遍提供的服务现在只向少数人提供，并且人们的自由交流受到限制，如今人们有了大量机会通过互联网表达自我存在。

这种存在越来越体现在一种"后人口统计学"形式中，具体表现是可以通过计算推理获得个人资料及其社会关系。[17]例如脸书或照片墙（Instagram）等社交网站的用户有可能在个人介绍中透露自己的身份和喜好，而社会人口学分析有可能在数据运用和网络连接模式的基础上得出甚至该用户自身没有意识到的资料。这种基于算法推理得出公民信息的做法在监管方面的风险当然令人担忧，但它却同时推动了新的政治表现形式的产生，这种政治表现形式促使分散的群体——通常是一直没有意识到其社会群体属性的群体——变得团结一致。举个例子，市场（其本身即为抽象的符号）作为跨国力量无所不在的表现形式由来已久，它令市场主体四分五裂并且丧失自信。后人口统计学的数据可以揭示迄今为止市场上彼此之间无关联的受害者所遭受的普遍误解和被压榨的痕迹，比如高强度劳动，环境危害或银行与保险公司的违法不当销售。这些一旦被揭露，这些受害主体就会通过这些共享的数字信息而形成集体。

数字化的政治具有分散和非正式的特点，它往往是转瞬即逝的，与传统的集中的、具有管理规则和更加持久的政党有巨大的差别。民主政治的未来很可能取决于这两种形式之间的对立关系如何解决。正如在本书第一章中所指出的，数字激进主义的问题大部分在于其明显缺乏基于可表达和分享的原则的一系列政策来维持自身发展。因此，尽管数字动员能够带来些许改变，但它缺乏基于稳定的纲领进行治理所需的持久性。另一方面，现有的主流政党应对新自由主义主张的做法越来越相似，它们缺乏引发热情支持或维持公众信任的能力。面对愈演愈烈的不平等、恐怖主义、气候变化、流行病、大规模移民、政局不稳和后工业时代的衰落等方面的棘手而紧迫的社会问题，乏味的政客似乎中了土拨鼠日的魔咒，无休止地重复着在大部分民众看来无法带来改变的策略。

在可预见的将来，代议民主制有可能继续存在，然而为政治带来变化的工具和策略就不一定了。在已经巩固的民主制度中，过时的为政治带来变化的方式已处于衰落和无序的状态。新的表述和实行民主的方式越来越盛行，它们通常都有数字工具和网络的支持。但是这些发展变化的历史性轨迹还远远没有达到清晰的程度。

这在很大程度上取决于如何说服民众意识到自己的存在。如果公民像民粹主义领袖和政党所希望的那样，做好了被代言的准备——2016年7月，唐纳德·特朗普在接受共和党的提名时宣称"我代表你们的声音"——那么所谓的"新政治"将不过是始终存在宪法规定的平等和社会—经济等级制度之间的妥协的一个略加改动的翻版。在这种情况下，互联网无疑将扮演一个重要的"回音室"的角色，民众在这里像被催眠一般表达着认可。这样的媒体环境远远不能培养民主能力，而只不过为满怀希望的受挫者提供了一个巨大的发泄途径。

然而有数百万人认为民粹主义是对民主的终极背叛。他们在努力寻求让自己得到认可的新途径。主流的民粹主义政治家宣称自己代表他们,但他们对此表示怀疑,因为他们已经厌倦了被别人代表。他们对盛行于当今政治中的技术专家型管理者的平淡乏味的语言深感怀疑。在社会中不具有代表性的精英享有发言机会,而其他人成为被代表或被谈论的对象,这种交流分工模式令他们感到自己被贬低和轻视了。持这种心态的人当然没有主动发起一种运动,他们的政治观点也不同。然而更重要的是,他们有一种意识——或者说感觉,即民主价值观很重要,它不仅是抽象的原则,而且能够赋予他们所认为应当具有的能力。互联网能否为他们提供舒展其"民主肌肉"的空间,并让他们与长久以来自视甚高的政治精英,以及为填补"妥协"的民主造成的空虚而新出现的万金油推销员式政客相抗衡?

近来,上述问题已经不再仅限于抽象或学术范畴。民粹主义的盛行已经让那些一直认为民主政治可以抵制来自非自由的蛊惑人心的诱惑的人深感担忧。

长久以来,一直存在着一个自大的观点,即没有话语权的人只能保持沉默。即便他们为此感到愠怒,除了不时地胡乱发作一通并感觉自我懊恼之外别无他法。把他们晾在一边就好，不必考虑让他们投票，因为他们根本无意于此。不要太把他们的莽撞和愤怒放在心上，告诉他们什么是对他们最好的就可以了，从怎样说合乎时宜的话到"什么时候应该束紧腰带"。如果不愿承认表面敷衍和真诚理解之间有不可逾越的鸿沟，也许只要花言巧语一番而不是真正倾听对方就足够了。

那些没有话语权的人现在已经开始奋争。多年不曾投票的人行动起来了，让政治家瞠目的投票结果出现了。一度被政党和领袖想当然地视为"无威胁"的选民竟然对他们反戈一击。声称擅长"政治游戏"的局内人惊讶地发现，游戏规则已经改变，新的谈论政治的方式出现了。

当支持脱欧的英国选民渴望"夺回控制权"时，他们表达的不仅是对于布鲁塞尔规则本身的愤怒。他们感到失控了。他们对于自己作为公民而决定自己社会的未来这一点失去了信心。当支持特朗普的选民认为自己是"被自己的国家遗忘的男男女女"时，他们被一种渴望深深支配着，即渴望不被忘记，以及让自己具有被倾听的价值。这些渴望认同的呼声，反映了公众渴望在政治领域能有一种新的发声方式。

正如本书所反复强调的，那种简单地认为只要把政治交流搬到互联网上进行就能加强或削弱参与民主的公民的声音的想法是幼稚的。关于互联网的优劣之辩已是老生常谈,且是无意义和多余的。但如果本章所述的四个方面的公民民主能力能够得到提升,以互联网为代表的数字技术就能推动民主向更加包容、文明和审慎的方面发展。

延伸阅读

本书当然不是论述互联网与民主关系的第一部作品。我与约翰·格策（John Gotze）合著的《一起"打保龄球"：政策商议中的公众在线参与》（汉萨德学会，2001年）[*Bowling Together: Online Public Engagement in Policy Deliberation* (Hansard Society, 2001)]一书论及民主的变化，这本书被广泛地引述。在《直接代表：朝向对话民主》（公共政策研究所，2005年）[*Direct Representation: Towards a Conventional Democracy* (Institute for Public Policy Research, 2005)]中，我提出了本书第四章中观点的雏形。我与杰伊·G. 布鲁勒（Jay G. Blumler）合著的《互联网与民主制度下公民权利：理论、实践与政策》（剑桥大学出版社，2009年）[*The Internet and Democratic Citizenship: Theory, Practice and Policy* (Cambridge University Press, 2009)]提出了为公众商议提供一个可信任的网上空间的建议。与本书相关的两本合著作品分别是与彼得·M. 谢

恩（Perter M. Shane）合著的《连线民主：在线咨询与政治传播的流动》（麻省理工学院出版社，2011年）[*Connecting Democracy: Online Consultation and the Flow of Political Communication*（MIT Press，2011）]和与迪恩·弗里龙（Deen Freelon）合著的《数字政治手册》（爱德华·埃尔加出版社，2015年）[*Handbook of Digital Politics*（Edward Elgar，2015）]。最后要说的是我自己单独写作的著作《选民的感受》（剑桥大学出版社，2013年）[*How Voters Feel*（Cambridge University Press，2013）]，该书为本书关于重新思考民主实践的迫切需要的大部分内容提供了理论基础。

关于这一主题还有很多其他优秀的著作。其中最具有洞察力的，我认为当属约翰·基恩（John Keane）的《民主与媒体的堕落》（剑桥大学出版社，2013年）[*Democracy and Media Decadence*（Cambridge University Press，2013）]。其他值得一读的书包括：曼纽尔·卡斯泰尔（Manuel Castel）的《愤怒与希望之网络：互联网时代的社会运动》（威利出版社，2015年）[*Networks of Outrage and Hope: Social Movements in the Internet Age*（Wiley，2015）]；安德鲁·查德威克（Andrew Chadwick）的《媒体系统的混合：政治与权力》（牛津大学出版社，2013年）[*The Hybrid Media System: Politics and Power*

（Oxford University Press，2013年）]；詹姆斯·柯伦（James Curran）、娜塔莉·芬顿（Natalie Fenton）及德·弗里德曼（Des Freedman）合著的《对互联网的误解》（劳特利奇出版社，2016年）[*Misunderstanding the Internet*（Routledge，2016）]；彼得·达尔格伦（Peter Dahlgren）的《政治之网：媒体、参与及替代民主》（帕尔格雷夫麦克米伦出版社，2013年）[*The Political Net: Media, Participation and Alternative Democracy*（Palgrave Macmillan，2013）]；麦克·詹森（Michael Jensen）、莱亚·朱芭（Laia Jorba）的《世界数字媒体与政治参与对比研究》（剑桥大学出版，2012年）[*Digital Media and Political Engagement Worldwide: A Comparative Study*（Cambridge University Press，2012）]；道格拉斯·凯尔纳（Douglas Kellner）的《媒体景观与民主危机：恐怖主义、战争与选举之争》（劳特利奇出版社，2015年）[*Media Spectacle and the Crisis of Democracy: Terrorism, War and Election Battles*（Routledge，2015）]；罗宾·曼塞尔（Robin Mansell）的《想象互联网：交流、创新与治理》（牛津大学出版社，2012年）[*Imaging the Internet: Communication, Innovation, and Governances*（Oxford University Press，2012）]；迈克尔·马格利斯（Michael Margolis）与格尔松·莫雷诺-里亚诺（Gerson Moreno-Riano）

的《互联网民主之前景》(阿什盖特出版社,2013年)[*The Prospect of Internet Democracy*(Ashgate,2013)];凯伦·莫斯伯格(Karen Mossberger)、卡罗琳·J.凯伦(Caroline J. Karen)、卡罗琳·J.托尔伯特(Caroline J. Tolbert)与拉蒙娜·S.麦克尼尔(Ramonsa S. McNeal)的《数字公民权:互联网、社会与参与》(麻省理工出版社,2007年)[*Digital Citizenship: The Internet, Society, and Participation*(MIT Press, 2007)];W.拉塞尔·纽曼(W. Russel Newman)的《数字差别:媒体技术与沟通效果理论》(哈佛大学出版社,2016年)[*The Digital Difference; Media Technology and the Theory of Communication Effects*(Harvard University Press,2016)];齐兹·帕帕查瑞兹(Zizi Papacharissi)的《私密的一面:数字时代的民主》(政治出版社,2010年)[*A Private Sphere: Democracy in a Digital Age*(Polity,2010)]及《网络化的自我:身份、社区与社交网站文化》(劳特利奇出版社,2010年)[*A Networked Self: Identity, Community, and Culture in Social Network Sites*(Routledge,2010)];马特·拉托(Matt Ratto)与梅根·伯勒(Megan Boler)《公民身份DIY:关键制作与社交媒体》(麻省理工出版社,2014年)[*DIY Citizenship: Critical Making and Social Media*(MIT Press,2014)],以及

克里斯提安·瓦卡里（Christian Vaccari）的《西方民主数字政治对比研究》（约翰霍普金斯大学出版社，2013年）[Digital Politics in Western Democracies: A Comparative Study（Johns Hopkins University Press，2013）]。叶夫根尼·莫洛托夫（Evgeny Morozov）的《网络错觉：互联网自由的黑暗面》（公共事务出版社，2012年）[The Net Delusion: The Dark Side of Internet Freedom)（Public Affairs，2012）]对于持一边倒观点的读者是有吸引力的。

关于互联网的历史的最佳作品是帕特里斯·费里奇（Patrice Flichy）的《假想的互联网》（麻省理工出版社，2007年）[The Internet Imaginaire（MIT Press，2007）]。

关于本书第一章探讨的代议制民主（尤其是议会层面）问题的其他著作有戴秀典（Xiudian Dai）与菲利普·诺顿（Philip Norton）的《互联网与欧洲议会民主：数字时代政治沟通道德之对比研究》（劳特利奇出版社，2013年）[The Internet and European Parliamentary Democracy: A Comparative Study of the Ethics of the Political Communication in the Digital Age（Routledge，2013）]；斯蒂芬·科尔曼（Stephen Coleman）、约翰·泰勒（John Taylor）和威姆·范·德·敦克（Wim van de Donk）合编的《互联网时代的议会》（牛津大学出版社，

1999年)[*Parliament in the Age of the Internet*(Oxford University Press, 1999)]。关于本书第一章探讨的民主协调方面,W. 兰斯·班奈特(W. Lance Bennett)和亚历珊德拉·希格伯格(Alexandra Segerberg)的《连线行动的逻辑:数字媒体与充满争议的政治的拟人化》(剑桥大学出版社,2013 年)[*Connective Action: Digital Media and the Personalization of Contentious Politics*(Cambridge University Press, 2013)]是一部权威著作,不过布鲁斯·宾伯(Bruce Bimber)、安德鲁·弗拉纳金(Andrew Flanagin)与辛西娅·斯托尔(Cynthia Stohl)的《组织中的连线行动:技术变革时代的互动与参与》(剑桥大学出版社,2012 年)[*Collective Action in Organizations: Interaction and Engagement in an Era of Technological Change*(Cambridge University Press, 2012)];多纳泰拉·德拉·波尔塔(Donatella Della Porta)与马里奥·迪阿尼(Mario Diani)合编的《社会运动之牛津手册》(牛津大学出版社,2015 年)[*The Oxford Handbook of Social Movements*(Oxford University Press, 2015)];以及海伦·马格茨(Helen Margetts)、彼得·约翰(Peter John)、斯科特·黑尔(Scott Hale)与塔哈·亚希尔(Taha Yasseri)的《政治动荡:社交媒体如何打造连线行动》(普林斯顿大学出版社,2015 年)[*Political

Turbulence: *How Social Media Shape Collective Action*（Princeton University Press，2015 年）]均对该书进行了很好地扩充。此外，丹尼尔·特罗蒂尔（Daniel Trottier）与克里斯蒂安·弗赫（Christian Fuch）的《社交媒体、政治与国家：脸书、推特与油管时代的抗议、革命、暴动、犯罪与政策制定》（劳特利奇出版社，2014 年）[*Social Media, Politics and the State: Protests, Revolutions, Riots, Crime and Policing in the Age of Facebook*（Routledge，2014）]，是一部在意识形态方面内容极其丰富的作品。与上述著作同样具有价值的还有尤利西斯·梅西亚斯（Ulises Mejias）的《网络之外》（明尼苏达大学出版社，2013 年）[*Off the Network*（University of Minnesota Press，2013）]，这本书对网络中心主义进行了纠正。

  关于本书第二章所讨论的反民主以及民主重大妥协方面，若想了解更多，参见约翰·基恩（John Keane）的《媒体与民主》（政治出版社，1998 年）[*The Media and Democracy*（Polity，1998）]及《民主的生命与死亡》（西蒙与舒斯特出版社，2009 年）[*The Life and Death of Democracy*（Simon and Schuster，2009）]。雅克·朗西埃（Jaques Ranciere）的《异议：政治与哲学》（明尼苏达大学出版社，2004 年）[*Disagreement: Politics and Philosophy*（University of Minnesota Press，2004）]

也是一部相关作品，同样相关的还有里卡多·布劳（Ricardo Blaug）的《民主、现实与理想：话语道德与激进政治》（纽约州立大学出版社，1999年）[*Democracy, Real and Ideal: Discourse Ethics and Radical Movements*（SUNY Press, 1999）]，以及罗纳德·德沃金（Ronald Dworkin）的《民主在这里是可能的吗？一种新政治辩论的原则》（普林斯顿大学出版社，2006年）[*Is Democracy Possible Here? Principles for a New Political Debate*（Princeton University Press, 2006）]。在备受争议的电视与民主之关系方面，杰·G.布拉姆勒（Jay G. Blumler）与迈克尔·古雷维奇（Michael Gurevitch）的《公共传播危机》（劳特利奇出版社，1995年）[*The Crisis of Public Communication*（Routledge, 1995）]是一部有重大影响的研究作品。另外还有布莱恩·格龙布里奇（Brian Croombrdige）的《电视与人民：民主参与计划》（企鹅出版社，1972年）[*Television and People: A Program for Democratic Participation*（Penguin, 1972）]；科特（Kurt）与格雷迪斯·朗（Gladys Lang）的《政治与电视》（Quadrangle Books, 1968年）[*Politics and Television*（Quadrangle Books, 1968）]，以及托马斯·帕特森（Thomas Patterson）和罗伯特·麦克鲁尔（Robert McClure）的《不看的眼：关于电视在国家政治中的力量的迷思》（纽约：帕特曼，1976年）

[*The Unseeing Eye: The Myth of Television Power in National Politics*（New York，Putnam，1976）]。F. 克里斯托弗·阿特登（F. Christopher Arterton）的《远程民主：技术是否能保护民主？》（赛奇出版社，1987 年）[*Teledemocracy: Can Technology Protect Democracy?*（Sage Publications，1987）]是研究互联网出现之前电子民主的重要作品。另外还有本雅明·巴伯（Benjamin Barber）的《强有力的民主：新时代的参与式政治》（加利福尼亚大学出版社，2003 年）[*Strong Democracy: Participatory Politics for a New Age*（University of California Press，2003）]和西奥多·贝克（Theodore Becker）与克里斯塔·达里尔·斯莱顿（Crista Daryl Slaton）的《远程民主的未来》（格林伍德出版集团，2000 年）[*The Future of Teledemocracy*（*Greenwood Publishing* Group，2000）]。关于观众方面，参见伊恩·昂（Ien Ang）的《拼命寻找观众》（劳特利奇出版社，2006 年）[*Desperately Seeking the Audience*（Routledge，2006）]；让·伯吉斯（Jean Burgess）和约书亚·格林（Joshua Green）的《YouTube：在线视频和参与文化》（威利出版社，2013 年）[*YouTube: Online Video and Participatory Culture*（Wiley，2013）]；理查德·布茨（Richard Butsch）和索尼亚·利文斯顿（Sonia Livingstone）的《观众的意义：比较话语》（劳特利

奇出版社，2013年)[*Meaning of Audience: Comparative Discourses*(Routledge, 2013)]；以及迈克尔·斯特兰奇洛夫（Michael Strangelove）的《观看YouTube：寻常人们的不寻常视频》（多伦多大学出版社，2010年)[*Watching YouTube: Extraordinary Videos by Ordinary People*(University of Toronto Press, 2010)]。

关于本书第三章讨论的公民在网上参与当前政治的方式，如果想在这方面有更多的了解，可以参阅相关的优秀学术期刊，会有定期更新的研究成果。其中非常好的期刊包括：《信息、传播与社会》(*Information, Communication & Society*)、《信息、基于计算机的通信杂志》(*Information, the Journal of Computer-Mediated Communication*)、《信息技术与政治杂志》(*the Journal of Information Technology & Politics*)和《新媒体与社会》(*New Media & Society*)。

第四章重点讨论民主能力。关于能力理论方面的更多文献，参见大卫·克罗克（David Crocker）的《全球发展中的道德准则：机构、能力及商议式民主》（剑桥大学出版社，2008年)[*Ethics of Global Development: Agency, Capability, and Deliberative Democracy*(Cambridge University Press, 2008)]；尼古拉斯·加纳姆（Nicholas Garnham）的《阿玛蒂亚·森的能力方法对福利的评估及其对传播的应用》(*Amartya*

Sen's Capabilities Approach to the Evaluation of Welfare: Its Application to Communications）}出自安德鲁·卡拉布雷塞（Andrew Calabrese）与让·克劳德·博格尔曼（Jean-Claude Burgelman）编辑的作品选《沟通、公民权与社会政策：重新思考福利国家的局限性》（罗曼和利特尔菲尔德出版公司，1999年），第113-124页[*Communication, Citizenship, and Social Policy; Rethinking the Limits of the Welfare State*（Rowman & Littlefield, 1999），第113-124页]}；玛莎·努斯鲍姆（Martha Nussbaum）的《创造能力》（哈佛大学出版社，2011年）[*Creating Capabilities*（Harvard University Press, 2011）]；以及玛莎·努斯鲍姆（Martha Nussbaum）和阿玛蒂亚·森（Armatya Sen）的《生活的质量》（牛津大学出版社，1993年）[*The Quality of Life*（Oxford University Press, 1993）]。

第四章归纳了我自己关于民主能力四个方面的思考，在这方面我借鉴了很多文献，其中包括：亨利克·邦（Henrik Bang）的《作为社会及政治传播的治理》（曼彻斯特大学出版社，2003年）[*Governance as Social and Political Communication*（Manchester University Press, 2003）]；尼克·库尔德里（Nick Couldry）的《话语为什么重要：新自由主义之后的文化与政治》（赛奇出版社，2010年）[*Why Voice Matters: Culture and*

Politics After Neoliberalism（Sage Publications，2010）]；约翰·德雷泽克（John Dryzek）的《商议式民主及其他：自由主义者、批评家及争论》（牛津大学出版社，2000年）[*Deliberative Democracy and Beyond: Liberals, Critics and Contestations*（Oxford University Press，2000）]；阿克塞尔·霍奈特（Axel Honneth）的《不敬：批判理论的规范基础》（威利出版社，2014年）[*Disrespect: The IVormative Foundations of Critical Theory*（Wiley，2014）]；丹尼尔·卡内曼（Daniel Kahneman）的《快思考与慢思考》（艾伦雷恩出版社，2011年）[*Thinking, Fast and Slow*（Allen Lane，2011）]；以及约翰·帕金森（John Parkinson）和简·曼斯布里奇（Jane Mansbridge）的《商议体系：大规模的协商民主》（剑桥大学出版社，2012年）[*Deliberative Systems: Deliberative Democracy at the Large Scale*（Cambridge University Press，2012）]。

注　释

第一章

1. 参见下列网址：http://www.digitaldemocracy.parliament.uk/documents/Open-Up-Digital-DemocracyReport.pdf

2. 同上，第 14 页。

3. 同上，第 73 页。

4. 参见：Ted Becker and Christa Daryl Slaton, *The Future of Teledemocracy* (Greenwood Publishing Group, 2000); Dick Morris, *Vote.com*(Macmillan, 2011).

5.《开放！》(*Open up!*)，第 28 页（见注释 1）。

6. 同上，第 49 页。

7. 同上，第 45 页。

8. 同上，第 49 页。

9. 同上，第 17 页。

10. 同上，第 33 页。

11. 同上，第 20 页。

12. 同上，第 18 页。

13. W. Lance Bennett and Alexandra Segerberg, *The Logic of Connective Action: Digital Media and the Personalization of Contentious Politics* (Cambridge University Press, 2013), p. 35.

14. 同上，第 24 页。

15. Jennifer Earl, Jayson Hunt and R. Kelly Garrett, 'Social Movements and the ICT Revolution', in Hein-Anton van der Heijden (ed.), *Handbook of Political Citizenship and Social Movements* (Edward Elgar, 2014), p. 368.

16. Manuel Castells, *Networks of Outrage and Hope: Social Movements in the Internet Age*, 2nd edition (Polity, 2015), p. 236.

17. 同上。

18. 同上。

19. 参见：John Perry Barlow, 'A Declaration of the Independence of Cyberspace' (8 February 1996). 网址：https://w2.eff.org/Censorship/Internet_censorship_bills/barlow_0296.declaration.

20. John Keane, *Democracy and Media Decadence* (Cambridge University Press, 2013), p. 21.

第二章

1. James Adams and Lawrence Ezrow, 'Who do European Parties Represent? How Western European Parties Represent the Policy Preferences of Opinion Leaders', *The Journal of Politics* 71.1 (2009), p. 218.

2. Larry M. Bartels, 'Homer Gets a Tax Cut: Inequality and Public Policy in the American Mind', *Perspectives on Politics* 3.1 (2005), pp. 29 and 30.

3. *The Spectator*, 12 September 2007.

4. Walter Lippmann, *The Phantom Public* (Transaction Publishers, 1927), p. 62.

5. *The Spectator*, 4 January 2014.

6. *The Times*, 7 April 1866.

7. *Hansard Parliamentary Debates*, 27 April 1866.

8. *Latter-Day Pamphlets 1: The Present Time* (1 February 1850), p. 13.

9. William Inge, Virginia Woolf and W.B. Yeats, respectively, quoted in John Carey, *The Intellectuals and the Masses: Pride and Prejudice among the Literary Intelligentsia 1880–1939* (Faber &

Faber, 1992), pp. 25 (Inge and Woolf) and 14 (Yeats).

10. Walter Bagehot, *Parliamentary Reform: An Essay*, Vol. 20 (Forgotten Books, 2013 [originally 1857]), p. 18.

11. Raymond Williams, *Culture and Society* (Chatto & Windus, 1959), pp. 11 and 29.

12. Bernard Manin, *The Principles of Representative Government* (Cambridge University Press, 1997).

13. https://www.youtube.com/watch?v=qhqt, By YjmPY.

14. *Evening Standard*, 14 July 1971.

15. Charles Alexander Holmes Thomson, *Television and Presidential Politics: The Experience in 1952 and the Problems Ahead* (Brookings Institution, 1956), p. 168.

16. George Comstock, 'The Impact of Television on American Institutions', *Journal of Communication* 28.2 (1978), p. 23.

17. Jarol B. Manheim, 'Can Democracy Survive Television?' *Journal of Communication* 26.2 (1976), p. 87.

18. Leon Rosten in Norman Jacobs, *Culture for the Millions? Mass Media in Modern Society* (Van Nostrand, 1961), p. 72.

19. Jay G. Blumler, 'British Television – The Outlines of a Research Strategy', *The British Journal of Sociology* 15.3 (1964), pp.

223–4.

20. 参见: Ien Ang, *Desperately Seeking the Audience* (Routledge, 2006); Jay G. Blumler and Elihu Katz, *The Uses of Mass Communications: Current Perspectives on Gratifications Research* (Sage Publications, 1974); Robert Kubey and Mihaly Csikszentmihalyi, *Television and the Quality of Life: How Viewing Shapes Everyday Experience* (Routledge, 2013); Helen Wood 'Active Audience and Uses and Gratifications', in Manuel Alvarado, Milly Buonanno, Herman Gray and Toby Miller (eds), *The Sage Handbook of Television Studies* (Sage, 2014), pp. 366–84.

21. Don R. Le Duc, *Cable Television and the FCC: A Crisis in Media Control* (Temple University Press, 1974), p. 5.

22. Amitai Etzioni, 'MINERVA: An Electronic Town Hall', *Policy Sciences* 3.4 (1972), pp. 457–74.

23. F. Christopher Arterton, *Teledemocracy: Can Technology Protect Democracy?* (Sage Publications, 1987), pp. 29–38.

24. 关于民主能力方面更详细的叙述, 参见: Stephen Coleman and Giles Moss, 'Rethinking Election Debates What Citizens Are Entitled to Expect', *The International Journal of Press/Politics* 21.1 (2016), pp. 3–24; Nicholas Garnham, 'Amartya Sen's Capabilities Approach to the Evaluation of Welfare: Its Application

to Communications', in Andrew Calabrese and Jean-Claude Burgelman (eds), *Communication, Citizenship and Social Policy: Rethinking the Limits of the Welfare State* (Sage, 1999), pp. 113–24.

第三章

1. Richard A. Lanham, *The Economics of Attention: Style and Substance in the Age of Information* (University of Chicago Press, 2006).

2. Nicole B. Ellison, 'Social Network Sites: Definition, History, and Scholarship', *Journal of Computer-Mediated Communication* 13.1 (2007), pp. 210–30; Nicole B. Ellison, Charles Steinfield and Cliff Lampe, 'Connection Strategies: Social Capital Implications of Facebook-Enabled Communication Practices', *New Media & Society* 13.6 (2011), pp. 873–92.

3. Joanna Brenner, 'Pew Internet: Social Networking' (2012), Pew Internet and American Life Project. Available online at http://www.pewinternet.org/2012/10/19/ social-media-and-political-engagement/.

4. Homero Gil de Zúñiga, Aaron Veenstra, Emily Vraga and

Dravan Shah, 'Digital Democracy: Reimagining Pathways to Political Participation', *Journal of Information Technology & Politics* 7.1 (2010), pp. 36–51.

5. Gary Tang and Francis L.F. Lee, 'Facebook Use and Political Participation: The Impact of Exposure to Shared Political Information, Connections with Public Political Actors, and Network Structural Heterogeneity', *Social Science Computer Review* 31.6 (2013), pp. 763–73.

6. Barbara Pfetsch, Silke Adam and Lance W. Bennett, 'The Critical Linkage between Online and Offline Media: An Approach to Researching the Conditions of Issue Spill-Over', *Javnost – The Public* 20.3 (2013), pp. 9–22.

7. Gerard Goggin, Fiona Martin and Timothy Dwyer, 'Locative News: Mobile Media, Place Informatics, and Digital News', *Journalism Studies* 16.1, pp. 41–59; ByungGu Lee, Jinha Kim and Dietram A. Scheufele, 'Agenda Setting in the Internet Age: The Reciprocity Between Online Searches and Issue Salience', *International Journal of Public Opinion Research* 28.3 (2016), pp. 440–55; Jonathan Mellon, 'Internet Search Data and Issue Salience: The Properties of Google Trends as a Measure of Issue

Salience', *Journal of Elections, Public Opinion & Parties* 24.1 (2014), pp. 45–72; Richard Rogers, 'Mapping Public Web Space with the Issuecrawler', in Bernard Reber and Claire Brossaud (eds), *Digital Cognitive Technologies: Epistemology and the Knowledge Economy* (Wiley, 2010), pp. 89–99.

8. Andrea L. Kavanaugh, Edward A. Fox, Steven D. Sheetz, Seungwon Yang, Lin Tzy Li, Donald J. Shoemaker, Apostol Natsev and Lexing Xie, 'Social Media Use by Government: From the Routine to the Critical', *Government Information Quarterly* 29.4 (2012), pp. 480–91; Rob Kitchin, 'The Real-Time City? Big Data and Smart Urbanism', *GeoJournal* 79.1 (2014), pp. 1–4; Panagiotis Panagiotopoulos, Alinaghi Ziaee Bigdeli and Steven Sams, 'Citizen–Government Collaboration on Social Media: The Case of Twitter in the 2011 Riots in England', *Government Information Quarterly* 31.3 (2014), pp. 349–57; Mehmet Zahid Sobaci and Naci Karkin, 'The Use of Twitter by Mayors in Turkey: Tweets for Better Public Services?', *Government Information Quarterly* 30.4 (2013), pp. 417–25.

9. Steven Barnett and Judith Townend, ' "And What Good Came of It at Last?" Press–Politician Relations Post-Leveson', *The*

Political Quarterly 85.2 (2014), pp. 159–69; Matt Carlson and Dan Berkowitz, ' "The Emperor Lost His Clothes": Rupert Murdoch, *News of the World* and Journalistic Boundary Work in the UK and USA', *Journalism* 15.4 (2014), pp, 389–406; Nick Davies, *Flat Earth News* (Random House, 2011); Daya Kishan Thussu, 'The "Murdochization" of News? The Case of Star TV in India', *Media, Culture & Society* 29.4 (2007), pp. 593–611.

10. Dhavan V. Shah, Jaeho Cho, William P. Eveland and Nojin Kwak, 'Information and Expression in a Digital Age: Modeling Internet Effects on Civic Participation', *Communication Research* 32.5 (2005), p. 537.

11. Jennifer Brundidge, 'Encountering "Difference" in the Contemporary Public Sphere: The Contribution of the Internet to the Heterogeneity of Political Discussion Networks', *Journal of Communication* 60.4, pp. 680–700; Jihyang Choi and Jae Kook Lee, 'Investigating the Effects of News Sharing and Political Interest on Social Media Network Heterogeneity', *Computers in Human Behavior* 44 (2015), pp. 258–66; Yonghwan Kim, 'The Contribution of Social Network Sites to Exposure to Political Difference: The Relationships among SNSs, Online Political

Messaging, and Exposure to Cross-Cutting Perspectives', *Computers in Human Behavior* 27.2 (2011), pp. 971–7; Yonghwan Kim, Hsuan-Ting Chen and Homero Gil de Zúñiga, 'Stumbling upon News on the Internet: Effects of Incidental News Exposure and Relative Entertainment Use on Political Engagement', *Computers in Human Behavior* 29.6 (2013), pp. 2607–14; Emily K. Vraga, Kjerstin Thorson, Neta Kligler-Vilenchik and Emily Gee, 'How Individual Sensitivities to Disagreement Shape Youth Political Expression on Facebook', *Computers in Human Behavior* 45 (2015), pp. 281–9.

12. Shanto Iyengar and Sean J. Westwood, 'Fear and Loathing across Party Lines: New Evidence on Group Polarization', *American Journal of Political Science* 59.3 (2015), pp. 690–707; Thomas J. Leeper, 'The Informational Basis for Mass Polarization', *Public Opinion Quarterly* 78.1 (2014), pp. 27–46; Cass R. Sunstein, 'Neither Hayek nor Habermas', *Public Choice* 124:1–2 (2008), pp. 87–95; Cass R. Sunstein, *Republic.com 2.0* (Princeton University Press, 2009).

13. Young Min Baek, Magdalena Wojcieszak and Michael X. Delli Carpini, 'Online versus Face-to-Face Deliberation: Who?

Why? What? With What Effects?', *New Media & Society* 14.3 (2012), pp. 363–83; Todd Davies, 'The Blossoming Field of Online Deliberation', in Todd Davies and Seeta Peña Ganghadran (eds), *Online Deliberation: Design, Research, and Practice* (University of Chicago Press, 2009), pp. 1–19; Dennis Friess and Christiane Eilders, 'A Systematic Review of Online Deliberation Research', *Policy & Internet* 7.3 (2015), pp. 319–39; Shanto Iyengar, Robert C. Luskin and James S. Fishkin, 'Facilitating Informed Public Opinion: Evidence from Face-to-Face and Online Deliberative Polls'. Available online at https://pcl.stanford.edu/common/docs/research/iyengar/2003/facilitating.pdf; Peter Muhlberger and Lori M. Weber, 'Lessons from the Virtual Agora Project: The Effects of Agency, Identity, Information, and Deliberation on Political Knowledge', *Journal of Public Deliberation* 2.1 (2006), pp. 1–37; Vincent Price and Joseph N. Cappella, 'Online Deliberation and Its Influence: The Electronic Dialogue Project in Campaign 2000', *IT & Society* 1.1 (2002), pp. 303–29.

14. Kevin A. Hill and John E. Hughes, *Cyberpolitics: Citizen Activism in the Age of the Internet* (Rowman & Littlefield Publishers, Inc., 1999); Matthew W. Hughey and Jessie Daniels, 'Racist

Comments at Online News Sites: A Methodological Dilemma for Discourse Analysis', *Media, Culture & Society* 35.3 (2013), pp. 332–47; Marcin Lewiński, 'Collective Argumentative Criticism in Informal Online Discussion Forums', *Argumentation and Advocacy* 47.2 (2010), pp. 86–106; Ian Rowe, 'Civility 2.0: A Comparative Analysis of Incivility in Online Political Discussion', *Information, Communication & Society* 18.2 (2015), pp. 121–38; Anthony G. Wilhelm, *Democracy in the Digital Age: Challenges to Political Life in Cyberspace*, (Psychology Press, 2000).

15. Todd Steven Graham, 'What's *Wife Swap* Got to Do with It? Talking Politics in the Net-Based Public Sphere' (Ph.D. thesis, Amsterdam School of Communication Research, 2009); Edith Manosevitch, Nili Steinfeld and Azi Lev-On, 'Promoting Online Deliberation Quality: Cognitive Cues Matter', *Information, Communication & Society* 17.10 (2014), pp. 1177–95; Jakob Svensson, 'Participation as a Pastime: Political Discussion in a Queer Community Online', *Javnost – The Public* 22.3 (2015), pp. 283–97; Scott Wright, Todd Graham and Daniel Jackson, 'Third Space, Social Media and Everyday Political Talk', in Axel Bruns, Gunn Enli, Eli Skogerbø, Anders Olof Larsson and Christian

Christensen (eds), *The Routledge Companion to Social Media and Politics* (Routledge, 2016), pp. 74–88.

16. Todd Graham, Daniel Jackson and Scott Wright, 'From Everyday Conversation to Political Action: Talking Austerity in Online "Third Spaces" ', *European Journal of Communication* 30.6 (2015), pp. 648–65; Scott Wright, 'From "Third Place" to "Third Space": Everyday Political Talk in Non-Political Online Spaces', *Javnost – The Public* 19.3 (2012), pp. 5–20.

17. Stephen Coleman, David E. Morrison and Simeon Yates, 'The Mediation of Political Disconnection', in Kees Brants and Katrin Voltmer (eds), *Political Communication in Postmodern Democracy* (Palgrave Macmillan, 2011), pp. 215–30.

18. Shelley Boulianne, 'Social Media Use and Participation: A Meta-Analysis of Current Research', *Information, Communication & Society* 18.5 (2015), pp. 524–38; Sebastián Valenzuela, 'Unpacking the Use of Social Media for Protest Behavior: The Roles of Information, Opinion Expression, and Activism', *American Behavioral Scientist* 57.7 (2013), pp. 920–42; Anne Marie Warren, Ainin Sulaiman and Noor Ismawati Jaafar, 'Understanding Civic Engagement Behaviour on Facebook from a Social Capital Theory Perspective', *Behaviour &*

Information Technology 34.2 (2015), pp. 163–75.

19. Anastasia Kavada, 'Creating the Collective: Social Media, the Occupy Movement and Its Constitution as a Collective Actor', *Information, Communication & Society* 18.8 (2015), pp. 872–86; Anastasia Kavada, 'Email Lists and Participatory Democracy in the European Social Forum', *Media, Culture & Society* 32.3 (2010), pp. 355–72.

20. Beth Simone Noveck, *Wiki Government: How Technology Can Make Government Better, Democracy Stronger, and Citizens More Powerful* (Brookings Institution Press, 2009), p. 18.

21. Stephen Coleman, 'Connecting Parliament to the Public via the Internet: Two Case Studies of Online Consultations', *Information, Communication & Society* 7.1 (2004), pp. 1–22; Stephen Coleman, 'The Internet as a Space for Policy Deliberation', in Frank Fischer and Herbert Gottweis (eds), *The Argumentative Turn Revisited: Public Policy as Communicative Practice* (Duke University Press, 2012), pp. 149–79.

22. Scott Wright, 'Assessing (e-)Democratic Innovations: "Democratic Goods" and Downing Street e-Petitions', *Journal of Information Technology & Politics* 9.4 (2012), p. 466.

23. Pierre Rosanvallon, *Counter-Democracy: Politics in an Age of Distrust*, trans. Arthur Goldhammer (Cambridge University Press, 2008), p. 70.

24. David Leigh and Luke Harding, *WikiLeaks: Inside Julian Assange's War on Secrecy* (Public Affairs, 2011), p. 183.

第四章

1. Stephen Coleman, 'Debate on Television: The Spectacle of Deliberation', *Television & New Media* 14.1 (2013), pp. 20–30; Peter Dahlgren, *Media and Political Engagement* (Cambridge University Press, 2009); Rousiley C.M. Maia, *Deliberation, the Media and Political Talk* (Hampton Press, 2012).

2. Barbara Adam, *Time and Social Theory* (Wiley, 2013), p. 125. See also Robert Hassan, *Empires of Speed: Time and the Acceleration of Politics and Society* (Brill, 2009); Michael Saward, 'Agency, Design and "Slow Democracy"', *Time & Society*, online first: 4 May (2015); Andreas Schedler and Javier Santiso, 'Democracy and Time: An Invitation', *International Political Science Review* 19.1 (1998), pp. 5–18; William E. Scheuerman, 'Busyness

and Citizenship', *Social Research* 72.2 (2005), pp. 447–70; John Tomlinson, *The Culture of Speed: The Coming of Immediacy* (Sage, 2007).

3. Daniel Kahneman, *Thinking, Fast and Slow* (Allen Lane, 2011). See also Keith E. Stanovich and Richard F. West, 'Individual Differences in Reasoning: Implications for the Rationality Debate', *Behavioral and Brain Sciences* 23 (2000), pp. 645–65; Gerry Stoker, Colin Hay and Matthew Barr, 'Fast Thinking: Implications for Democratic Politics', *European Journal of Political Research* 55.1 (2016), pp. 3–21.

4. 利益声明：这个研究小组由我领导，其成员包括贾尔斯·莫斯博士、保罗·威尔森博士（利兹大学）；安娜·德利多博士、布莱恩·普鲁斯博士（开放大学）。关于本项目的更多信息，参见下列网址：http://edv-project.net/。另见：Michael Dale, Abram Stern, Mark Deckert and Warren Sack, 'Metavid.org: A Social Website and Open Archive of Congressional Video', in *Proceedings of the 10th Annual International Festival of Digital Government Research* (Digital Government Society of North America, 2009), pp. 309–10; Mark Deckert, Abram Stern and Warren Sack, 'Peer to PCAST: What Does Open Video Have to

Do with Open Government?', *Information Polity* 16.3 (2011), pp. 225–41.

5. John Parkinson and Jane Mansbridge, *Deliberative Systems: Deliberative Democracy at the Large Scale* (Cambridge University Press, 2012).

6. Stephen Coleman, 'A Tale of Two Houses: The House of Commons, the Big Brother House and the People at Home', *Parliamentary Affairs* 56.4 (2003), pp. 733–58; Stephen Coleman, 'Acting Powerfully: Performances of Power in Big Brother', *International Journal of Cultural Studies* 13.2 (2010), pp. 127–46.

7. Jim Macnamara, *Organizational Listening: The Missing Essential in Public Communication* (Peter Lang, 2016), p. 314.

8. Jay G. Blumler and Stephen Coleman, *The Internet and Democratic Citizenship: Theory, Practice and Policy* (Cambridge University Press, 2009), chapter 8; Stephen Coleman and Rafael Cardoso Sampaio, 'Sustaining a Democratic Innovation: A Study of Three e-Participatory Budgets in Belo Horizonte', *Information, Communication & Society*, online first: 4 July (2016); Hélène Landemore, 'Inclusive Constitution-Making: The Icelandic Experiment', *Journal of Political Philosophy* 23.2 (2015), pp. 166–

91; Tiago Peixoto, 'Beyond Theory: e-Participatory Budgeting and Its Promises for eParticipation', *European Journal of ePractice* 7.5 (2009), pp. 1–9; Bjarki Valtysson, 'Democracy in Disguise: The Use of Social Media in Reviewing the Icelandic Constitution', *Media, Culture & Society* 36.1 (2014), pp. 52–68.

9. Axel Honneth, *Disrespect: The Normative Foundations of Critical Theory* (Wiley, 2014), p. 130; see also Nick Couldry, *Why Voice Matters: Culture and Politics after Neoliberalism* (Sage, 2010).

10. Darcy Alexandra, 'Digital Storytelling as Transformative Practice: Critical Analysis and Creative Expression in the Representation of Migration in Ireland', *Journal of Media Practice* 9.2 (2008), pp. 101–12; John A. Bargh, Katelyn Y. McKenna and Grainne Fitzsimons, 'Can You See the Real Me? Activation and Expression of the "True Self" on the Internet', *Journal of Social Issues* 58.1 (2002), pp. 33–48; Aline C. Gubrium, Eizabeth L. Krause and Kasey Jernigan, 'Strategic Authenticity and Voice: New Ways of Seeing and Being Seen as Young Mothers through Digital Storytelling', *Sexuality Research and Social Policy* 11.4 (2014), pp. 337–47; Carol Haigh and Pip Hardy, 'Tell Me a Story – A Conceptual Exploration of Storytelling in Healthcare Education',

Nurse Education Today 31.4 (2011), pp. 408–11; Kerry M. Mallan, 'Look at Me! Look at Me! Self-Representation and Self-Exposure through Online Networks', *Digital Culture and Education* 1.1 (2009), pp. 51–6; Laura Robinson, 'The Cyberself: The Selfing Project Goes Online. Symbolic Interaction in the Digital Age', *New Media & Society* 9.1 (2007), pp. 93–110; Nitin Sawhney, 'Voices beyond Walls: The Role of Digital Storytelling for Empowering Marginalized Youth in Refugee Camps', in *Proceedings of the 8th International Conference on Interaction Design and Children 2009*, pp. 302–5; Jo A. Tacchi, *Finding a Voice: Digital Storytelling as Participatory Development in Southeast Asia* (Wiley-Blackwell, 2009); Nancy Thumim, *Self-Representation and Digital Culture* (Palgrave Macmillan, 2012); Sonja Vivienne, 'Trans Digital Storytelling: Everyday Activism, Mutable Identity and the Problem of Visibility', *Gay and Lesbian Issues and Psychology Review* 7.1 (2011), pp. 43–54.

11. Anat Ben-David, 'The Palestinian Diaspora on the Web: Between De-territorialization and Reterritorialization', *Social Science Information* 51.4 (2012), pp. 459–74; David Drissel, 'Digitizing Dharma: Computer-Mediated Mobilizations of

Tibetan Buddhist Youth', *International Journal of Diversity in Organisations, Communities & Nations* 8.5 (2008), pp. 79–92; Andrew John Goldsmith, 'Policing's New Visibility', *British Journal of Criminology* 50.5 (2010), pp. 914–34; Saskia Kok and Richard Rogers, 'Rethinking Migration in the Digital Age: Transglocalization and the Somali Diaspora', *Global Networks*, 1 April (2016); Bryce Clayton Newell, 'Crossing Lenses: Policing's New Visibility and the Role of Smartphone Journalism as a Form of Freedom-Preserving Reciprocal Surveillance', *Journal of Law, Technology and Policy* 1 (2014), pp. 59–104; Katy Parry and Nancy Thumim, '(Extra)ordinary Portraits: Self-Representation, Public Culture and the Contemporary British Soldier', *Media, War & Conflict* 9.1 (2016), 93–109; Brian P. Schaefer and Kevin F. Steinmetz, 'Watching the Watchers and McLuhan's Tetrad: The Limits of Cop-Watching in the Internet Age', *Surveillance & Society* 12.4 (2014), pp. 502–15.

12. Helen Kennedy and Giles Moss, 'Known or Knowing Publics? Social Media Data Mining and the Question of Public Agency', *Big Data & Society* 2.2 (2015), pp. 1–11; Ulises Ali Mejias, *Off the Network* (University of Minnesota Press, 2013).

13. Stephen Coleman, *Direct Representation: Towards a Conversational Democracy*, (Institute for Public Policy Research, 2005).

14. John Dewey, *The Public and Its Problems: An Essay in Political Inquiry* (Pennsylania State University Press, 2012 [originally 1927]), p. 77.

15. http://forums.e-democracy.org/about/localforums/; Sheetal D. Agarwal, Michael L. Barthel, Caterina Rost, Alan Borning, W. Lance Bennett and Courtney N. Johnson, 'Grassroots Organizing in the Digital Age: Considering Values and Technology in Tea Party and Occupy Wall Street', *Information, Communication & Society* 17.3 (2014), pp. 326–41; Jeffrey S. Juris, 'Reflections on #Occupy Everywhere: Social Media, Public Space, and Emerging Logics of Aggregation', *American Ethnologist* 39.2 (2012), pp. 259–79; Anastasia Kavada, 'Creating the Collective: Social Media, the Occupy Movement and Its Constitution as a Collective Actor', *Information, Communication & Society* 18.8 (2015), pp. 872–86; Anastasia Kavada, 'Engagement, Bonding, and Identity across Multiple Platforms: Avaaz on Facebook, YouTube, and MySpace', *MedieKultur: Journal of Media and Communication Research* 28.52

(2012), pp. 28–48.

16. Jaan Kooiman, Maarten Bavinck, Ratana Chuenpagdee, Robin Mahon and Roger Pullin, 'Interactive Governance and Governability: An Introduction', *Journal of Transdisciplinary Environmental Studies* 7.1 (2008), pp. 1–11; Milton L. Mueller, *Networks and States: The Global Politics of Internet Governance* (MIT Press, 2010); Jacob Torfing, B. Guy Peters, Jon Pierre and Eva Sørensen, *Interactive Governance: Advancing the Paradigm* (Oxford University Press, 2012).

17. Richard Rogers, *Digital Methods* (MIT Press, 2013), pp. 153–6. See also Heather Ford, 'Fact Factories: Wikipedia and the Power to Represent' (Doctoral dissertation, University of Oxford, 2015).

图书在版编目(CIP)数据

互联网与民主 /（英）史蒂芬·科尔曼著；刘显蜀译. — 北京：商务印书馆，2022
ISBN 978-7-100-19959-9

Ⅰ. ①互… Ⅱ. ①史… ②刘… Ⅲ. ①民主－研究－西方国家 Ⅳ. ①D082

中国版本图书馆CIP数据核字(2021)第094308号

权利保留，侵权必究。

互联网与民主
〔英〕史蒂芬·科尔曼 著
刘显蜀 译

商 务 印 书 馆 出 版
（北京王府井大街36号 邮政编码100710）
商 务 印 书 馆 发 行
艺堂印刷（天津）有限公司印刷
ISBN 978-7-100-19959-9

2022年10月第1版　　开本 787×1092　1/32
2022年10月第1次印刷　印张 4¼
定价：38.00元